모찌모찌 손뜨개 인형

20가지
앙증맞은 디자인

모찌모찌 손뜨개 인형

20가지
앙증맞은 디자인

안나 흐라코벡 지음 · 브랜디 시몬스 사진
문소영 옮김 · 조수연 감수

일파소

옮긴이 **문소영**

한국외국어대학교 불어과를 졸업하고 주한프랑스대
사관 어학교육협력과에 근무했으며 KBS 월드라디오
불어방송에서 작가 및 진행자로 활동했다. 전문 통역
및 번역가로 활동하면서도 다양한 분야에 관심을 가
지고 학습활동을 하던 중 손뜨개의 매력에 끌려 끌림
니트학원에서 코바늘 과정인 아미구루미 마스터 과정
과 대바늘 과정인 니트토이 마스터 과정까지 수료했
으며, 2017년 끌림니트학원 전시회에서 기획전팀의
일원으로서 작품 전시에 참여했다.

감수 **조수연**

무대, 가구디자이너를 거쳐 현재 니트 디자이너로 활
동 중이다. 니트디자인회사 끌림과 끌림니트디자인학
원을 운영하며 손뜨개인형 디자인과 강의를 하고 있
다.
저서로는 『I Love Dolls』, 『손뜨개로 꾸미는 우리집』,
『디즈니 베이비돌 손뜨개 인형옷』 등이 있으며 『도나
윌슨』, 『아르네와 카를로스』, 『데비블리스』 등의 니트
책 번역과 감수도 하고 있다.
손뜨개인형 카페, 블로그 등으로 소통하며 손뜨개관련
세미나와 전시회도 꾸준히 진행하고 있다.

블로그 ccllim.blog.me ㅣ 인스타그램 knttoy_ccllim
카페 ccllim.com ㅣ 학원 ccllimknit.modoo.at

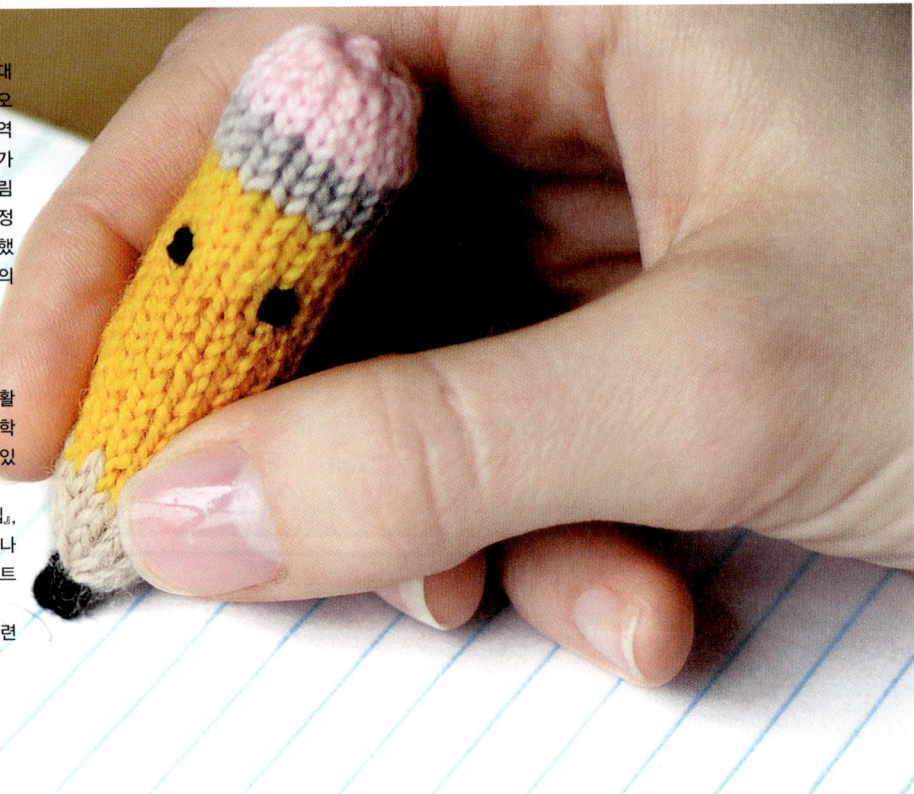

KNITTING MOCHIMOCHI: 20 Super-Cute Strange Designs for Knitted Amigu-
rumi Text, designs, charts, and schematic illustrations copyright ©2010 by Anna
Hrachovec

모찌모찌 손뜨개 인형

초판 1쇄 인쇄 2018년 3월 5일
초판 1쇄 발행 2018년 3월 12일

지은이 안나 흐라코벡 · 브랜디 시몬스(사진)
옮긴이 문소영
감수 조수연

펴낸이 이동석
펴낸곳 일파소
출판등록 2013년 10월 7일 제 2013-000294호
주소 서울 마포구 만리재로 20-5, 4층 (04195)
전화 02-6437-9114(대표)
팩스 0505-055-9114
e-mail ilpasso@naver.com

ISBN 979-11-959319-6-5 (13590)

감사의 말씀

이 책이 나오기까지 아낌없는 열정과 재능으로 애써주신 많은 분들께 감사 드립니다. 매일 저를 응원해주고 제가 만든 우스꽝스러운 인형을 믿어준 남편 존과, 제가 뜨개질에 눈을 뜰 수 있도록 영감을 주신 시어머니께도 너무 감사 드립니다. 수공예에 관한 시어머니의 열정 앞에서 저는 늘 부끄러워진답니다.

여기에 실린 사진은 가족과 친구들이 함께 이뤄낸 결과물입니다. 언제든 시간을 할애해주고 창의력을 발휘해주었을 뿐 아니라, 때로는 완벽한 샷을 위해 부상의 위험마저 감수했던 브랜디만큼 훌륭한 사진작가를 만날 수는 없었을 거예요. 브랜디의 가족이 보여준 우정 덕분에 사진촬영은 골치 아픈 일이 아닌 신나는 모험이었답니다.

오클라호마에 계신 부모님과 친구들의 도움이 없었다면 인형이 사람과 조화를 이루는 모습을 보여주는데 필요한 완벽한 도구와 장소와 표현법을 찾아내지 못했을 거예요. 릭, 스코츠, 칭, 샌디, 세레니티 아베다 데이 스파, 레아, 레지 앤 로렌, 로우든 패밀리, 에이프릴, 한나, 에이미 앤 데이비드 시몬스 모두 감사 드려요. 예일 애비뉴 크리스천 교회와 콜린스빌 소방서에도 감사의 말씀 드립니다(네, 소방서의 도움도 받았답니다).

제 도안을 위해 애써주신 분들 모두 사랑해요! 특히 처음부터 아낌없는 도움을 준 안젤라, 조안, 마티, 트레이시, 한나와 미키, 너무 너무 고마워요! 제가 만든 도안을 꼼꼼히 살펴보고 직접 인형까지 만들어본 이 분들의 노고를 생각하면 가슴이 벅차 올라요. 사실 이 분들이 만든 인형이 제가 만든 것보다 더 귀여울 때가 많답니다.

코이구 울 디자인의 리차드와 캐스케이드 실 회사의 섀논도 진심으로 고맙습니다

마지막으로 이 책이 나올 수 있게 도와주신 왓슨 겁틸의 모든 분들, 특히 인내심을 갖고 늘 웃는 얼굴로 저를 도와준 조이 아킬리노와 이렇게 멋진 책이 나올 수 있게 노력을 아끼지 않은 린다 헤처에게 감사를 표합니다.

어리바리 사슴
· 46 ·

베이비 악어
· 49 ·

잠꾸러기 진드기
· 52 ·

패션 가발 돼지
· 56 ·

바퀴 달린 다람쥐
· 62 ·

둥실둥실 비행물체
· 68 ·

투덜이 소파
· 71 ·

미니 TV
· 76 ·

귀요미 공장굴뚝
· 80 ·

얌전이 마천루
· 84 ·

주머니요정
· 90 ·

악마와 천사
· 94 ·

대롱대롱 킁킁이
· 98 ·

러브러브 머프
· 102 ·

와구와구 슬리퍼
· 106 ·

나는야 콩돌이
· 114 ·

초미니 산봉우리
· 118 ·

위풍당당 버섯
· 120 ·

햄스터 가족
· 123 ·

몽당연필
· 126 ·

차례

8 》 서문: 웰컴 투 모찌모찌 랜드
나는 왜 손뜨개 인형을 만드나&여러분은 왜 만들어봐야 하는가! **10** · 손뜨개 인형은 누구를 위해 만드나 **11**

12 》 본격적인 시작

14 》 준비물

19 》 게이지: 확인하느냐 마느냐?

20 》 손뜨개 인형 제작의 기본사항
20 뜨개질하기 **23** 솜 넣기 **24** 마무리하기 **25** 눈 달기 **27** 솔기 바느질하기 **32** 실 정리하기
33 수놓기 **34** 기타 기법 **40** 매직 루프 기법

42 》 어린이(와 어른)를 위한 안전성 점검

44 》 반전 매력의 맹수들
어리버리 사슴 · 베이비 악어 · 잠꾸러기 진드기 · 패션 가발 돼지 · 바퀴 달린 다람쥐

66 》 다양한 사물들
둥실둥실 비행물체 · 투덜이 소파 · 미니 TV · 귀요미 공장굴뚝 · 얌전이 마천루

88 》 착용하는 인형들
주머니 요정 · 악마와 천사 · 대롱대롱 킁킁이 · 러브러브 머프 · 와구와구 슬리퍼

112 》 꼬마 인형들
나는야 콩돌이 · 초미니 산봉우리 · 위풍당당 버섯 · 햄스터 가족 · 몽당연필

128 》 손뜨개 인형 디자인

133 》 뜨개질의 기초

142 》 완성 샘플 사용실

144 》 자료

웰컴 투
모찌모찌 랜드!

저는 꽤 오랫동안 대바늘로 목도리와 모자를 떠왔습니다. 그러다 몇 년 전에 우연히 인형을 뜨기 시작했는데 이제는 도저히 멈출 수가 없게 되었죠!

제가 처음으로 뜬 대바늘 인형은 단순한 모양을 평면으로 떠서 바느질한 것이었어요. 물방울 같이 동그란 모양이었는데 형태가 제대로 나오지도 않았죠. 그런데 자투리 실로 눈을 만들어주고 나니까 인형이 진짜 살아 있는 것처럼 저를 쳐다보더라구요. 저는 이 인형과 사랑에 빠져버렸죠! 둘이 같이 잡지도 읽고 재방송되는 드라마도 봤어요. 몇 개의 인형을 더 떠서 친구들에게 선물했는데 그 친구들도 모두 홀딱 반해버리더라구요. 저는 곧 대바늘 인형에 매료되어서는 원형뜨기 기법으로 코끼리와 욕조 같이 입체적인 것들을 만들어 제 주변을 채워나가기 시작했죠.

고등학교 시절 교환학생으로 일본에서 지냈을 때 처음으로 발견한 기괴한 캐릭터 디자인을 시작으로, 저는 주변에 보이는 모든 귀엽고 웃기고 특이한 것에서 영감을 얻어 인형을 만든답니다. 일본이라는 섬나라에는 귀여움의 끝이란 존재하지 않거든요. 제가 무지무지 좋아하는 달콤한 찹쌀떡 모찌처럼 음식마저 귀엽거든요. 인형을 만들기 시작하던 초기에, 저는 이미 제가 만들 인형디자인회사의 이름을 "모찌모찌"라고 짓기로 결정했답니다. 이 사랑스러운 음식의 쫀득쫀득한 질감이 저에게는 푹신푹신한 인형을 떠올리게 하거든요. 귀엽고 희한한 것을 좋아하는 저는 모든 동물, 사물, 심지어 날씨 관련 도안까지도 "모찌화"시켜버렸답니다.

뜨개질하는 사람의 입장에서 보자면, 인형 혹은 아미구루미(대바늘이나 코바늘 인형을 일컫는 일본어 표현)를 만드는 건 무척이나 재미있는 일이에요. 빠른 시간(어떤 인형은 1시간 안)에 완성할 수 있고 몸에 딱 맞게 뜰 필요도 없거든요. 물론 사이즈와 관련해서 이 책에 나와 있는 도안 중에 예외적인 게 한두 개 정도 있기는 하지만(예를 들어 "웨어러블 인형들"), 그래도 "이 인형 때문에 내가 뚱뚱해 보이지는 않을까?"라는 걱정은 조금도 할 필요가 없답니다.

"모찌모찌 손뜨개 인형"에는 새롭고 귀여운 인형 도안이 여러 개 소개되어 있어요. 2.5cm짜리 햄스터에서부터 도시의 한 블록에 이르기까지 기법의 난이도와 소요 시간에 있어서 다양한 작품들이 수록되어 있죠. 스케치에서부터 마무리까지 직접 인형을 디자인해보는 방법도 배울 수 있으니, 자신이 만든 최초의 인형과 사랑에 빠져 보세요.

초보자 여러분, 두려워하지 마세요! 이 책에 소개되어 있는 도안에는 다양한 새로운 기법이 설명되어 있지만, 사진이 많기 때문에 이해하시는 데 큰 도움이 될 거예요. 그리고 뒷부분에는 대바늘 뜨개질과 관련한 기본 기법을 그림과 함께 설명해 놓았어요. 한 가지 말씀 드리자면, 스웨터와는 달리 동글동글한 대바늘 인형이 훨씬 사랑스럽답니다.

여러분 마음 속에 있는 어린아이와 뜨개 괴짜가 마음껏 뛰어 놀 수 있는 세계, 돼지들이 60년대 스타일의 가발을 쓰고 있고 귀여운 괴물들이 여러분의 발을 와구와구 씹어대는 세계로 어서 들어오세요.

모찌모찌 랜드에 오신 걸 환영합니다!

나는 왜 손뜨개 인형을 만드나 &
여러분은 왜 만들어봐야 하는가!

제가 손뜨개 인형을 만드는 이유는 크게 3가지에요. 그 이유를 읽어보고 나면, 여러분도 대바늘 인형을 만들 운명이라는 생각이 들 거예요.

어렸을 때 장난감을 좋아했고
어른이 되고서는 더 좋아해요.

장난감이라, 여러분! 장난감을 안 좋아하는 사람이 있을까요? 누구에게나 뒤돌아보면서 미소 짓게 되는 뭔가가 하나씩 있기 마련이죠. 물론 애완동물을 기를 수도 있지만, 집 안도 엉망이 되고 먹이도 챙겨줘야 하고 여간 돈이 드는 게 아니죠. 손뜨개 인형은 그 어떤 것도 필요 없답니다. 어쩌다 한 번씩 과감하게 애정표현을 해주는 것만으로 충분하거든요. 황당한 상황에 처해지는 일도 없고요. 21세기(데이트 하기 가장 사랑스러운 시대죠)에는 인형을 품에 안고 있어도 되고 가방에 달고 다니거나 인형으로 책상을 장식한다고 해서 창피한 일이 아니랍니다.

뜨개질을 사랑해요.

뜨개질을 하시는 분이라면 이 부분을 읽지 않고 넘어가도 된답니다. 만약 아직 뜨개질을 하지 않는 분이라면, 왜 뜨개질을 안 하는지 묻고 싶네요. 무엇과도 비교할 수 없는 최고의 취미활동인데 말이죠. 기본적인 기법만 알면 자신의 두 손으로 부드럽고 푹신푹신한 예술작품을 직접 만들 수 있거든요. 마치 고양이처럼 실을 가지고 노는거죠, 수백 만 마리의 고양이들이 실을 가지고 노는 걸 좋아하는 데는 다 이유가 있더라고요.

더 이상 제가 뜬 목도리와 모자를 선물할 사람이 없어요.

쌀쌀한 가을에는 목도리와 모자가 참 좋죠. 하지만 날씨가 더울 때나 목도리를 떠서 선물할 만한 사람이 없을 때는 어떡하죠? 손뜨개 TV 인형이나 어깨에 걸칠 수 있는 악마와 천사 인형은 어떨까요?

저를 믿어보세요, 이런 인형을 선물 받은 분은 분명히 고마워하실 거예요. 뜨개 장식품이나 가게에서 산 인형보다는 손뜨개 인형을 선물 받아 풀어볼 때가 훨씬 즐겁답니다. 선물하기에는 손뜨개 인형이 최고라고요? 그런데 막상 선물할 사람이 없으면 어떡하죠? 대체 손뜨개 인형은 누구에게 만들어주면 좋아할까요?

손뜨개 인형은 누구를 위해 만드나?

이 책에 실려 있는 도안에는 선물 받을 대상을 임의로 선정해서 표시해 놓았답니다. 제 경험상 손뜨개 인형을 선물하기에 적당한 사람이라는 건 없어요!

실과 솜으로 만들어진 친구를 받으면 너나 할 것 없이 누구나 다 좋아하거든요. 제 블로그를 읽는 분들께 이 핸드메이드 선물을 할 만한 사람에 대해 얘기해 달라고 부탁 했었는데, 여기 몇 가지 답변을 적어볼게요.

- 장인어른/시아버지
- 전기기술자
- 독신 여성
- 법대 교수
- 전 남친
- 영양사
- 대녀
- 직장동료
- 교환학생
- 신혼부부
- 입원 환자
- 사촌
- 임상 심리학자
- 아기
- 채식주의자
- 증조할머니

사랑하는 친구들, 아끼는 지인들 혹은 친한 사이는 아니지만 서프라이즈를 해주고 싶은 사람이 있다면, 그 누구든 손뜨개 인형 선물을 받을 자격이 있다는 말이죠!

최고의 뷰티 퀸을
잊으시면 안 되죠!

본격적인
시작

손뜨개 인형을 만들어볼 준비가 되셨나요?
"어머나, 내가 손뜨개 인형을 만들었다니!"라는 말을 하게 되려면
"무엇"을 "어떻게" 하면 되는지 한번 살펴보죠.

준비물 » 게이지 : 확인하느냐 마느냐? » 손뜨개 인형 제작의 기본사항 » 어린이를 위한 안전성 점검

준비물

실

손뜨개 인형의 장점은 거의 모든 종류의 실을 사용할 수 있을 뿐 아니라, 인형의 크기가 작기 때문에 많은 양의 실을 사용할 필요가 없다는 거예요. 동네에 있는 실 가게나 공예점에서 1볼이나 2볼 정도 구매거나, 집안 어딘가에 있는 실을 꺼내거나, 전에 인형을 뜨고 남은 굴러다니는 실을 사용해도 된다는 말씀. 오예!

실의 굵기에 따라 인형의 크기가 정해져요. 저는 보통 우스티드로 작업을 하지만 사이즈가 아주 작은 인형을 뜰 때는 핑거링을, 안을 수 있을 만큼 사이즈가 큰 인형을 뜰 때에는 청키나 벌키를 사용해요.

실은 다양한 소재로 만들어지고 대부분의 실은 인형을 뜨는 데 사용할 수 있어요. 가장 보편적으로 사용되는 실의 종류를 몇 가지 알려드릴게요.

울

떠놓으면 보기가 좋아서 저는 울을 자주 사용해요. 섬유 조직이 유연하기 때문에 뻑뻑하지 않고 작업하기도 편하죠. 세탁할 때 특별히 주위를 기울여야 하지만, 세탁기에 돌린다고 해서 오그라들거나 뻣뻣해질 가능성은 그리 높지 않아요.

면

또 다른 천연섬유로는 면이 있는데, 내구성이 좋고 울보다는 세탁이 좀더 편리해요. 울보다는 좀 뻑뻑하지만 울에 알레르기 반응이 있는 분이나 어린이에게 줄 인형을 만드는 경우에 사용하면 좋아요.

아크릴

아크릴은 어디서나 구할 수 있고 내구성이 좋으며 세탁도 용이해서 손을 많이 타는 인형을 만들기에 아주 좋아요. 작업할 때 따끔거림을 느낄 수도 있고, 천연섬유가 아니라서 꺼리는 분들도 많이 있어요.

기타 섬유

다양한 종류의 실로 이것저것 떠보는 건 재미있는 경험이랍니다. 개인적으로 지금까지 뜨개질을 해오면서 이 실은 인형을 뜰 때 절대 사용하면 안 되겠다는 생각이 든 적은 한 번도 없었어요. 손뜨개 장식물의 유행에 따라서 사용하는 실이 달라지기는 하지만, 색상과 질감이 특이한 실은 인형에게 새로운 면과 캐릭터를 부여해 줄 수 있어요.

실 분류표

실의 굵기	실의 종류	게이지 범위 (메리야스 뜨기 10X10cm)	권장 바늘 (미국호수/mm)
0 레이스	텐-카운트 크로셰 핑거링(Fingering, 10-count crochet thread)	33~40코	000~1/1.5~2.25mm
1 수퍼 파인	삭, 핑거링, 베이비(Sock, fingering, baby)	27~32코	1~3/3.25~3.25mm
2 파인	스포트, 베이비(Sport, baby)	23~26코	3~5/3.25~3.75mm
3 라이트	디케이, 라이트 우스티드 (DK, light worsted)	21~24코	5~7/3.75~4.5mm
4 미디엄	우스티드, 아프간, 아란 (Worsted, afghan, aran)	16~20코	7~9/4.5~5.5mm
5 벌키	청키, 크래프트, 러그 (Chunky, craft, rug)	12~15코	9~11/5.5~8mm
6 수퍼 벌키	벌키, 로빙(Bulky, roving)	7~11코	11~17/8~12.75mm
7 점보	점보, 로빙(Jumbo, Roving)	6코 미만	17 이상/12.75mm 이상

출처 미국 공예용 실 협회(Craft Yarn Council of America)의 표준 실 분류표
▶ 실의 두께와 표기는 미국 및 해외의 실을 기준으로 분류되어 있습니다.
▶ 우리나라의 실을 고르실 때는 권장바늘을 기준으로 선택하거나 10㎝x10㎝ 크기로 샘플조각을 뜬 후(19페이지의 게이지 제작)
　도안의 게이지 코수와 단수가 비슷한 실을 선택해서 사용하면 됩니다

바늘

종류

막대 바늘은 한쪽만 뾰족한 2개의 긴 막대모양 바늘인데, 평평한 직선 조직을 뜰 때 사용하면 좋아요. 하지만 제가 만든 입체 인형을 뜰 때는 거의 사용하지 않아요.
장갑바늘은 양쪽 끝이 모두 뾰족한 바늘로 원형뜨기를 할 때 사용해요. 5개가 하나의 세트로 판매되는데 보통 뜨개질할 때는 4개의 바늘만 사용한답니다.
줄바늘은 코 수가 많은 큰 조각(60코 이상)을 뜰 때 사용하면 좋아요. 물론 좀더 작은 조각을 뜰 때도 사용할 수 있어요. 더 자세한 정보는 매직 루프 기법(40페이지)을 참고하세요.

사이즈

바늘을 선택할 때 가장 중요한 것은 사용하는 실의 굵기와 맞는 것을 고르는 일이에요. 사람마다 뜨개질할 때 실을 당기는 힘, 즉 텐션이 다른데 저는 우스티드실로 인형을 작업할 때 3.75mm나 4.0mm의 바늘을 사용해요. 느슨하게 뜨는 분의 경우에는, 바늘 굵기를 낮출 필요가 있어요. 저는 추천 바늘 사이즈보다 한 단계나 두 단계 더 가는 바늘로 작업해요. 그러면 상대적으로 쫀쫀하게 떠져서 나중에 솜을 넣어도 편물이 크게 벌어지지 않거든요.

길이

뜨려는 인형의 크기에 따라서 길이가 다른 장갑바늘을 사용하는데, 이론적으로는 18cm 장갑바늘로 모든 걸 뜰 수 있지만 코 수가 적을 때는 긴 바늘이 오히려 작업에 방해가 될 수 있어요.

소재

바늘은 다양한 소재로 만듭니다. 저는 대나무로 만든 장갑바늘을 사용하는데 가볍고 부드러우면서도 미끄러지지 않거든요. 알루미늄, 나무, 플라스틱으로 만든 바늘도 사용해 보고 본인에게 가장 잘 맞는 바늘을 찾아보세요.

솜

인형의 속을 채워줘야 축 늘어져 있는 편물이 품에 안기나 팔걸이로 사용할 수 있는 뭔가로 만들어집니다.

실이나 바늘과 마찬가지로 솜도 다양한 소재로 만들어요. 저는 폴리에스테르 인조 섬유 솜을 선호하는데 가벼우면서 탄력이 있고 부드럽죠.

양털은 폴리에스테르 인조 솜을 대체할 수 있는 천연 솜이에요. 좀더 촘촘한 느낌이라 물에 젖을 경우 좀더 세심하게 말려줘야 해요. 또 다른 천연 솜으로는 대나무와 옥수수로 만든 솜이 있어요. 면으로 만든 솜도 있지만 잘 뭉치기 때문에 단단해지는 경향이 있어서 추천하지는 않아요.

만약 솜이 없다면, 특히 작은 인형을 만드는 경우에는 실 조각들을 대신 사용해도 됩니다.

눈

실, 단추, 그 외에 다양한 재료로 눈을 만들어줄 수 있어요.

이 책에 나와 있는 대부분의 인형은 나사눈을 사용했어요. 사용하기 굉장히 편하지만 3세 이하의 어린이한테는 위험하므로 사용에 주의하세요. 나사눈을 대체할 수 있는 방법에 대해서는 '어린이를 위한 안전성 점검(42페이지)'을 참고하세요.

제가 선호하는 방법은 다른 색상의 실로 간단히 스티치하는 거예요(26페이지 참조).

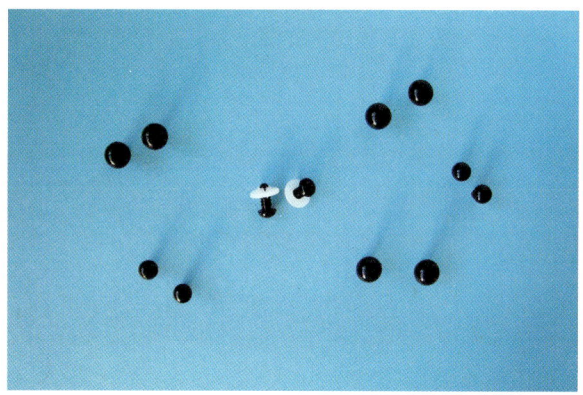

도구

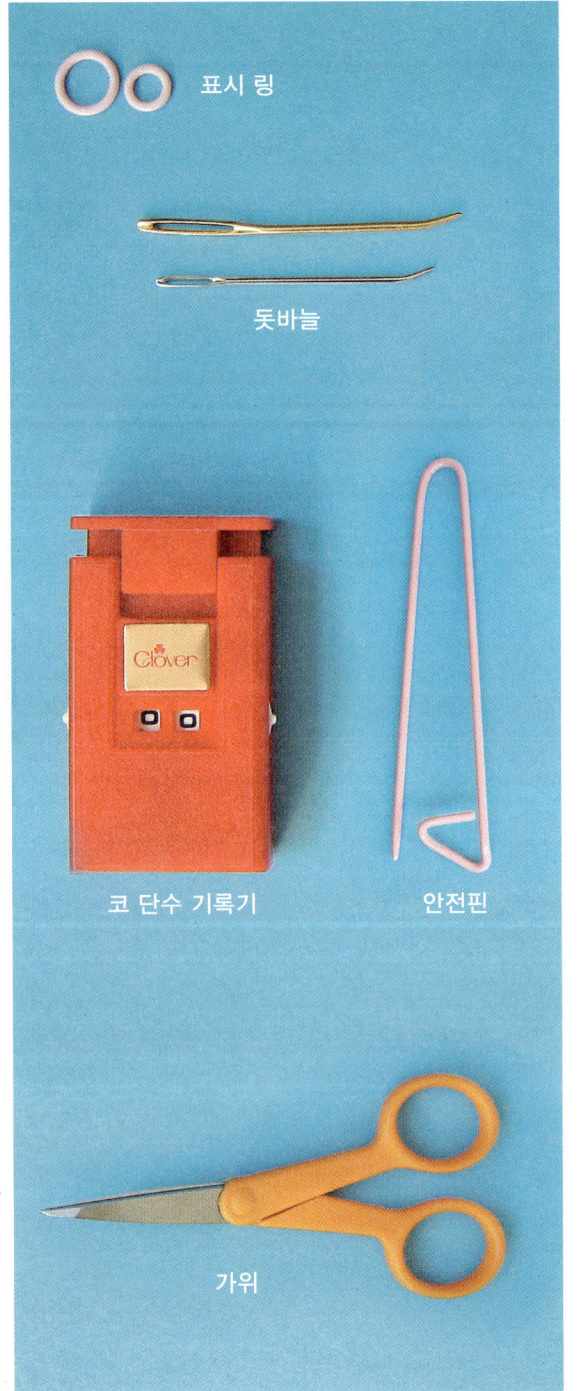

표시 링

돗바늘

코 단수 기록기

안전핀

가위

표시링을 사용하면 뜨고 있는 단의 시작과 끝을 정확하게 알 수 있어요. 다양한 형태의 표시링이 있는데 기본적으로는 작은 링 모양이에요. 가게에서 파는 표시링이 집에 없다면 다른 색상의 실로 조그마한 루프 모양으로 만들어서 쓸 수도 있어요.

돗바늘은 일반 바늘과 모양은 똑같지만 사이즈가 아주 큰 바늘이에요. 솔기를 이을 때, 디테일하게 자수를 놓을 때, 실 꼬리를 정리할 때 사용해요.

돗바늘의 크기가 다양하므로 뜨개실을 � 수 있을 정도로 굵으면서도 편물의 코와 코 사이를 통과할 정도로 가는 바늘을 선택하세요.

안전핀을 사용하면 잠시 코를 걸어 두었다가 나중에 다시 작업할 수 있어요. 옷핀처럼 고리가 없는 쪽 바늘에 코를 걸어놓고 잠그면 됩니다. 당장 써야 하는데 안전핀이 없는 경우에는 자투리 실로 필요한 만큼 코를 묶어놓을 수도 있어요.

코단 수 기록기를 사용하면 작업하고 있는 단 수와 코 수를 머리 속으로 세지 않아도 된답니다. 사진에 나와 있는 기록기는 누르기만 하면 되는 편리한 타입이에요. 아니면 종이에다가 작업한 코 수와 단 수를 표시하는 방법도 있어요.

가위는 어떤 종류를 사용해도 상관없지만 손뜨개 인형을 만들 때는 끝이 뾰족하고 작은 것을 사용하는 것이 가장 좋아요.

코바늘은 다른 색 실로 만든 코를 나중에 주워서 뜰 때 사용하고, 실수로 빠진 코를 줍는데도 유용하게 쓰여요.

줄자는 게이지를 확인하고 웨어러블 아이템의 치수를 잴 때 꼭 필요해요.

시침핀은 뜨개질한 조각들을 바느질로 고정하기 전에 정확하게 위치를 잡는 데 도움이 됩니다.

게이지:
확인하느냐 마느냐?

게이지 확인은 꽤 지루한 과정입니다. 그럼에도 불구하고 많은 책에 보면 본격적으로 뜨개질을 시작하기 전에 작업할 실로 견본을 떠서 결과물의 사이즈가 원하는 대로 나올지 확인하는 게 중요하다고 적혀 있어요. 이 점이 일반 뜨개질과 인형 뜨개질의 다른 점이에요. 손뜨개 인형은 머리나 몸에 딱 맞게 뜰 필요가 없거든요.

이 책에 나와 있는 인형을 뜰 때는, 솜이 보이지 않을 정도로 촘촘하게 뜰 수 있는 사이즈의 바늘과 마음에 드는 뜨개실을 가지고 바로 시작해도 괜찮아요. 하지만 게이지 확인 단계를 생략하면 제가 만든 인형과 여러분이 완성한 인형의 크기가 다를 수 있다는 점을 염두에 두셔야 해요.

이 책에서 착용할 수 있는 인형들을 몇 개 소개했는데, 이 인형들의 경우에는 예외적으로 도안에 명시되어 있는 게이지를 꼭 확인하시는 게 좋아요. 그 외의 다른 인형들은 두 가지 정도의 뜨개실과 바늘을 쓰는 식으로 모두 간단하게 만들 수 있어요.

게이지 확인 과정은 몇 가지 단계만 거치면 되니까 시간도 얼마 걸리지 않아요.

1. 선택한 뜨개실과 도안에 명시되어 있는 굵기의 바늘로 가로 세로 10cm 정도 메리야스 뜨기(겉뜨기와 안뜨기 반복) 하세요.
2. 다 뜬 네모난 조각을 잡아당기지 말고(다리미판이나 미끄럽지 않은 표면에 핀으로 고정하는 것도 좋아요) 줄자나 자를 이용해서 1cm에 몇 개의 코와 단이 들어가 있는지를 확인하세요.
3. 측정한 코/단의 수가 명시된 게이지보다 훨씬 클 경우에는 두꺼운 바늘로 바꿔서 다시 떠보세요.

측정한 코/단의 수가 게이지에 명시되어 있는 것보다 훨씬 적은 경우에는 두 가지 방법이 있어요. 바늘의 사이즈를 늘려도 솜을 채웠을 때 편물이 벌어지지 않을 것 같으면 더 굵은 바늘을 사용하세요. 더 굵은 바늘을 사용했는데 편물이 느슨해지는 경우에는 더 굵은 실을 사용하거나 아니면 인형의 사이즈가 작게 나오는 것에 크게 신경 쓰지 마세요. 사이즈가 작은 인형을 만들 때는 바로 뜨기 시작해서 어떤 결과물이 나오는지 보는 것도 나쁘지 않아요!

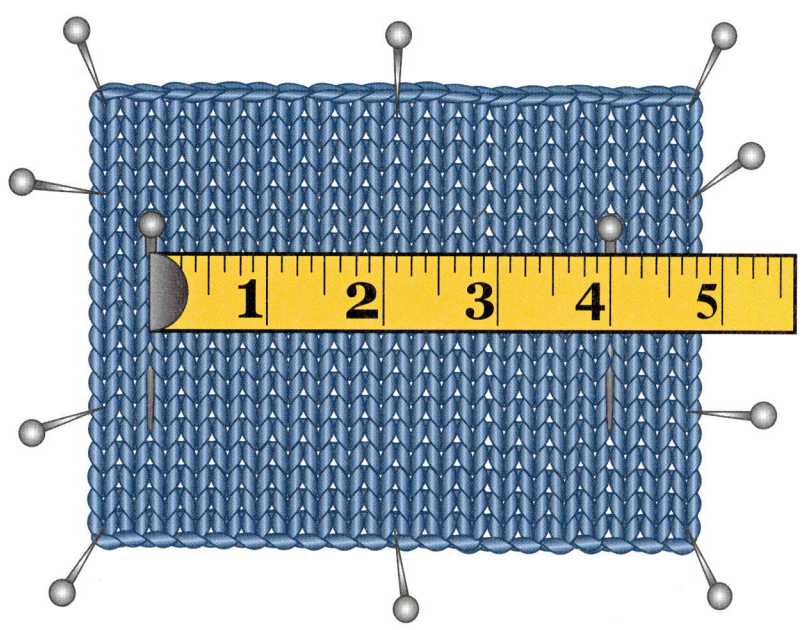

손뜨개 인형 제작의 기본사항

뜨개질을 처음 하는 분이거나 여태껏 알고 있던 뜨개질 기법에 대해 다시 훑어보고 싶은 분은 133~140페이지에 나와 있는 '뜨개질의 기초'를 참고하세요.

뜨개질하기

장갑바늘을 사용하는 경우

원형뜨기는 최소한의 바느질로 재미있는 모양의 입체 인형을 만들 수 있는 최상의 방법이에요. 저는 그리 크지 않은 인형을 뜰 때 장갑바늘을 사용하는 걸 선호해요. (줄바늘 사용에 관해서는 40페이지에 있는 매직 루프 기법 참조)

양쪽 끝이 뾰족하다 보니 장갑바늘이 훨씬 무시무시해 보이죠. 코가 걸려 있는 다른 바늘에는 신경 쓰지 말고 지금 당장 사용하고 있는 2개의 바늘에만 집중하는 것도 두려움을 줄일 수 있는 하나의 방법이에요.

① 1개의 바늘로 필요한 코를 만들어서 3개의 바늘에 코를 나눠 걸어주세요. 코가 더 많을 경우에는 4개의 바늘에 나눠 걸고 다섯 번째 바늘로 뜨세요. 실이 연결되어 있는 바늘을 오른손에 잡으세요. 실이 꼬이지 않게 주의하면서 코 만들기를 한 밑면이 바늘 안쪽에 오게 하세요.

② 단이 시작되는 코에다가 표시링을 거는 경우에는, 오른손에 쥐고 있는 바늘에 표시링을 옮기고 왼쪽 바늘에 있는 첫 번째 코를 뜨세요. 코가 몇 개 되지 않을 때는 필요한 만큼 늘리기를 하고 난 다음 단부터 이 단계를 시작하세요.

3 네 번째 바늘을 이용해서 왼손에 쥐고 있는 바늘에 걸려 있는 코를 뜨세요.

4 왼손에 쥐고 있는 바늘에 걸려 있는 코를 다 뜨고 나면 코가 오른쪽 바늘로 모두 옮겨져 있을 거예요. 이 코들이 빠지지 않도록 바늘 중간으로 밀어주세요. 지금 비어 있는 바늘로 왼손에 있는 다음 바늘에 걸려 있는 코를 뜨세요.

5 바늘과 바늘 사이의 틈 때문에 코가 느슨하게 벌어질 수 있어요.(종종 사다리 효과라고 하죠.) 코가 벌어지지 않게 하려면, 몇 단마다 바늘에 걸린 코의 위치를 옮겨주면서 텐션을 일정하게 유지하세요. 그러려면 네 번째 바늘을 사용하지 말고 바늘에 걸려 있는 첫 2코를 바로 옆에 있는 바늘로 떠주세요.

6 왼쪽 바늘에 있는 코를 떠서 오른쪽 바늘로 옮길 때 표시링의 순서가 오면, 표시링은 바로 바로 옮겨주세요. 몇 단을 더 뜨면 입체적인 모양이 드러나기 시작할 거예요.

적은 코 수로 시작하는 경우

이 책에 나와 있는 많은 도안이 6코로 시작해서 첫 단에서 늘리게 되어 있어요. 1개의 바늘에 2코씩만 걸어서 작업하는 게 힘들면 첫 단은 아이코드로 뜨세요.

❶ 장갑바늘 1개로 코를 만든 다음에 실이 연결되어 있지 않은 코가 바늘의 오른쪽 끝에 오도록 밀어주세요.

❷ 연결되어 있는 실을 뒤로 돌려 바짝 잡아당겨서 두 번째 바늘로 겉뜨기하세요. 대부분의 도안에서는 늘리기 하라고 되어 있어요.

❸ 늘리기를 다 하고 나면 3개의 장갑바늘에 코를 나눠 걸고 원형뜨기하세요.

솜 넣기

뜨고 있는 구멍이 너무 작아지기 전에 솜을 넣는 것이 가장 좋아요. 지나치게 많이 넣었다 싶을 정도로 솜을 넣어주되 편물이 너무 벌어져서 솜이 보이면 솜을 덜어내거나 좀더 가는 바늘로 편물을 다시 뜨세요. (19 페이지 게이지 참조)

❶ 폴리에스터 솜을 사용할 때는 솜을 한 웅큼 떼어내서 손으로 뭉쳐있는 솜을 뜯어서 펴주세요. 인형에 솜을 넣고 필요한 만큼 보충하세요.

❷ 납작한 부분에 솜을 넣을 때는 대바늘로 솜을 살살 밀어 넣으세요. 2개의 대바늘을 젓가락처럼 쥐고 솜을 잡아서 넣은 다음 정확한 위치를 잡아주는 것도 좋아요. 겸자나 핀셋을 사용해도 좋아요.

❸ 구석구석까지 솜이 잘 들어가게 하려면 인형 바깥쪽에서 안쪽으로 대바늘을 찔러 넣고 솜을 이동시키세요. 대바늘을 찔러 넣은 곳이 너무 벌어져서 구멍이 생기지 않게 주의하세요.

❹ 솜을 다 넣었으면 뜨개질을 마무리하세요. 인형의 제일 윗부분에 조금 더 솜을 채워야 할 때는 대바늘을 젓가락처럼 쥐고 솜을 넣어주세요.

마무리하기

대부분의 인형은 실을 자르고 돗바늘로 코를 통과시킨 후 바짝 잡아당겨서 마무리합니다.
구체적인 방법은 다음과 같아요.

1 뜨개질이 끝나고 끝부분을 막아줄 때가 되면, 실을 10cm
정도 남긴 상태에서 자른 다음 돗바늘에 끼우세요. 마지막
단의 첫 번째 코에 돗바늘을 안뜨기 방향으로 통과시키고
나머지 코도 같은 방식으로 처리하세요.

2 실을 바짝 잡아당겨서 구멍을 완전히 오므려주세요.

3 방금 오므려 놓은 구멍으로 실꼬리를 밀어 넣은 다음 인형
을 통과시켜 풀어지지 않게 하세요.

눈 달기

인형에 눈을 달아주면 생명력을 가진 존재로 변신한답니다. 인형에게 앞을 볼 수 있게 해주는 방법 중에서 제가 선호하는 두 가지를 알려드릴게요.

플라스틱 나사눈

나사눈은 눈을 확실하게 고정시켜주는 와셔가 뒤쪽에 있어요. 나사눈은 잡아당기면 편물 밖으로 빠져나올 수 있기 때문에 3세 이하의 어린이가 가지고 노는 인형에는 사용하지 않아요.

　　편물의 뒷면에다 와셔를 끼워야 하므로 인형 몸통의 끝부분을 완전히 막기 전에 눈을 달아 줍니다. 손이 큰 분의 경우에는 몸통의 끝부분이 너무 작아지기 전에 눈을 달아주는 것이 좋아요. 눈을 끼울 때는 와셔의 평평한 면이 편물의 뒷면에 닿게 끼워주세요.

❶ 인형에 솜을 채워 넣고 눈을 달고 싶은 위치에 나사눈을 끼우세요.

❷ 편물의 뒷면에 와셔를 끼워서 눈을 고정시키세요.

❸ 눈 달기가 끝나면 몸통의 끝부분을 막아서 마무리하세요.

눈을 제자리에 잘 고정하고 나면 빠지지 않아요. 9mm 이하의 작은 나사눈에다가 이미 와셔까지 끼워서 고정했는데 눈의 위치를 바꾸고 싶을 때는 몸통의 끝부분을 다시 열지 말고, 몸통의 뒤쪽을 잡아당겨서 와셔를 빼내고 나사눈도 빼서 위치를 다시 잡아주세요. 단 이 방법은 인형이 느슨하게 떠진 경우에만 가능합니다.

자수 눈

인형의 눈을 만들어주는 또 다른 방법은 실로 자수를 놓는 거예요. 눈은 인형을 다 꿰맨 후에 스티치해줍니다. 눈을 만들어주고 싶은 위치를 잡고 나서 어느 정도 크기로 만들 것인지를 정해요. 보통 크기의 눈을 만들려면 가로 1.5코 정도의 넓이로 스티치하세요.

1 몸통과 다른 색상의 실을 돗바늘에 끼우세요. 몸통의 뒤쪽에서 바늘을 꽂아 넣고 눈이 시작되는 위치로 빼내세요. 스티치하는 동안 실은 움직이지 않으므로 굳이 매듭을 지어줄 필요는 없어요.

2 오른쪽으로 1.5코 정도 되는 위치에 바늘을 찔러 넣고 실이 처음에 나왔던 곳으로 빼내세요.

눈 모양

동그란 모양의 눈을 만들려면, 스티치를 여러 번 더해 주는데 맨 위와 아래쪽은 중간보다 더 바짝 잡아당기세요.

더 큰 눈을 만들려면, 2~2.5코 정도로 코의 수를 늘려서 스티치하세요.

아주 작은 눈을 만들려면, 0.5코 정도만 잡거나 실을 1가닥만 사용해서 스티치하세요.

3 같은 식으로 3~4번 정도 반복하세요.

솔기 바느질하기

메리야스 잇기

인형의 몸통 조각을 다 떴으면 이제 조각들을 이을 차례죠. 메리야스 잇기라는 새로운 기법을 한 번 배워볼까요?

메리야스 잇기는 겉뜨기 면을 위로 놓고 바느질 선이 거의 보이지 않게 잇는 방법이에요. 방법은 어렵지 않지만, 손뜨개 인형에만 사용되는 기법을 포함해서 알아두면 유용한 몇 가지 변형 기법들이 있어요.

다음에 설명하는 내용은 겉뜨기 면이 위로 나와 있는 조각들을 바느질하는 방법이에요. 안뜨기 면이 위로 나와 있는 조각을 잇거나 편물 방향이 다른 조직을 이을 때도 메리야스 뜨기를 사용할 수 있어요. 바느질이 고르게 되도록 하고 상대적으로 바싹 잡아당겨서 편물 조각을 느슨하지 않게 연결하는 것이 팁이에요.

(보통 바느질할 때는 편물 조각과 동일한 색상의 실을 사용하지만, 여기서는 바느질한 선이 잘 보이도록 다른 색상의 실을 사용했어요.)

세로방향 메리야스 잇기

단이 위로 올라가는 조각을 나란히 놓고 바느질할 때 사용하는 방법이에요.

❶ 실을 끼운 돗바늘로 한쪽 편물의 가장 아랫단 첫 번째 코의 가로방향 막대를 집어서 바늘을 통과시키세요. 그러면 두 번째 바늘이 나와요.

❷ 다른 쪽 편물에서도 동일한 위치에 같은 방식으로 바늘을 통과시키세요.

❸ 처음에 바느질한 편물로 다시 돌아와 두 번째 단의 첫 번째 코에 있는 가로방향 막대를 집어서 바늘을 통과시키세요. 이런 식으로 몇 번을 왔다 갔다 하면서 반복하세요.

❹ 바느질한 실을 바싹 잡아당기면 솔기가 보이지 않아요. 나머지도 똑같은 방식으로 바느질하세요.

가로방향 메리야스 잇기

코 만들기한 면이나 코 막음한 면을 세로로 놓고 바느질할 때 사용하는 방법이에요.

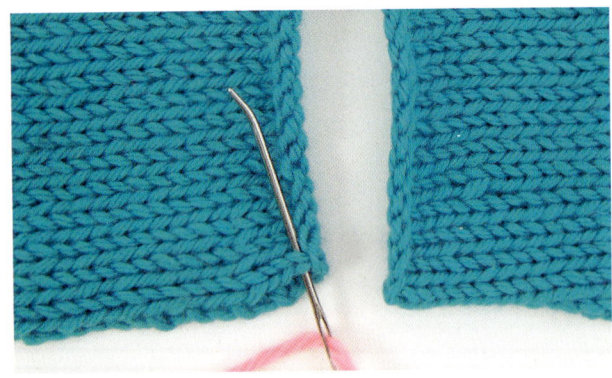

1 한쪽 편물의 가장자리에서 V자 모양의 코에다 돗바늘을 밀어 넣고 실을 통과시키세요.

2 다른 쪽 편물의 가장자리에서도 동일한 위치에 해당하는 코에 돗바늘을 통과시키세요.

3 동일한 방식으로 왔다 갔다 하면서 바느질하세요.

4 실을 바싹 잡아당기면 솔기가 보이지 않아요.

세로에서 가로로 메리야스 잇기 방향 전환하기

세로방향으로 메리야스 잇기를 하다가 모서리에서 가로 메리야스 잇기로 방향을 전환해야 할 때는 당황하지 말고 방향에 맞게 바느질 방법을 바꿔주세요.

① 세로방향 메리야스 잇기를 끝낸 다음에는 가로방향 메리야스 잇기를 할 때처럼 반대편 편물의 첫 번째 V자 모양의 코를 들어서 바늘을 통과시키세요. 앞에서 설명했던 가로방향 메리야스 잇기 방식대로 바느질하세요.

② 가로방향 바느질이 끝나면, 모서리 부분을 살짝 누른 상태에서 실을 바싹 잡아당겨야 모서리 부분의 솔기가 보이지 않아요.

가로-세로 메리야스 잇기

편물 방향이 다른 2개의 조각을 연결할 때는 세로방향 메리야스 잇기와 가로방향 메리야스 잇기 두 가지 방법을 혼합해서 사용하세요.

① 세로방향으로 뜬 편물의 첫 번째 코에 있는 가로방향 막대에 바늘을 걸어 통과시키고, 가로방향으로 놓인 편물에서는 첫 번째 V자 모양의 코를 집어서 통과시키세요. 같은 방식으로 여러 번 반복하세요.

② 세로방향으로 놓인 편물의 코 수가 가로방향으로 놓인 편물의 V자 모양의 코 수보다 더 많아요. 이런 차이를 감안해서 세로방향으로 놓인 조각에서는 2단의 길이로 실을 2개씩 잡아주세요.

직각 메리야스 잇기

인형을 만들 때는 대부분 평면 조각이 아니라 입체 조각을 바느질하게 되죠. 이런 경우에는 직각 메리야스 잇기를 사용하세요.

① 몸통에 팔을 연결하기 전에, 우선 팔이 달릴 정확한 위치를 잡으세요.

② 팔의 위쪽과 아래쪽에서는 가로방향 메리야스 잇기를 해서 몸통과 연결하세요. 위쪽에서부터 시작해서 필요한 코 수만큼 가로방향 메리야스 잇기를 하세요.

③ 모서리 부분에서는 세로로 바느질하는 것이 아니라 0.5코 정도 사선으로 바느질해요. 연결하는 조각의 크기에 따라서 사선 바느질을 1~2번 더 반복하세요.

⑤ 가로−세로 메리야스 잇기가 끝나면, 다시 사선으로 바느질하고 팔 아래쪽을 가로방향 메리야스 잇기 하세요. 바느질을 처음 시작한 곳으로 되돌아올 때까지 계속 이런 식으로 바느질하세요. 바느질이 끝나면 팔이 몸에서 직각으로 뻗은 모양이 될 거예요.

④ 방향이 다른 메리야스 조각 잇기 방법으로 몸통의 가로방향 막대와 팔에 있는 V자 모양의 코를 연결해서 바느질하세요.

사선 메리야스 잇기

팔이나 다른 조각을 직각이 아닌 사선으로 달아야 할 때가 있어요. 인형의 팔을 한쪽은 직각으로 달고 다른 쪽은 밑으로 쳐지게 달면 택시를 부르거나 하이파이브를 하는 모양이 된답니다! 직각 메리야스 잇기로 팔을 달 때와 마찬가지로 윗부분에서부터 시작해서 모서리 쪽은 사선으로 바느질하세요.(30페이지에 나와 있는 직각 메리야스 잇기 사진 2와 사진 3 참조)

① 팔에 있는 V자 모양의 코와 몸통에 있는 가로방향 막대를 바느질할 때 가로방향 막대를 1개가 아닌 2개를 집어서 바느질하세요.

② 팔의 아래쪽 즉 겨드랑이에서 가로 방향 메리야스 잇기 할 때는 팔보다 3~4코 정도 더 아래를 집어서 바느질해야 팔이 몸통 쪽으로 붙어요.

③ 팔 밑부분이 끝나고 사선으로 모서리를 바느질할 때는 몸통에서 가로방향 막대를 한번에 2개씩 집어서 바느질하고 팔이 몸통과 가까워지게 바싹 당기세요. 메리야스 잇기로 마무리하세요.

박음질

평평하게 뜬 편물을 입체조각과 연결할 때 사용할 수 있는 또 다른 바느질 기법이에요. 간단한 기법이지만 솔기가 풀어지지 않게 해준답니다.

① 2개의 편물을 겹쳐놓으세요. 돗바늘로 두 조각을 한꺼번에 찔러서 바느질하고 앞으로 빼내세요. 앞쪽과 뒤쪽에 나와 있는 바늘땀의 길이가 동일하게 바느질하세요.

② 사진 1에서 바늘을 찔러 넣었던 지점에 다시 바늘을 꽂으면, 첫 번째 땀 바로 옆에 두 번째 땀이 만들어질 거예요. 다시 왼쪽으로 한 땀 간격을 두고 바늘을 통과시키세요.

③ 사진 2의 과정을 여러 번 반복한 후 실꼬리가 빠지지 않게 정리하세요.

실 정리하기

뜨개질을 하고 솜을 넣은 후 솔기를 잇고 나면, 여기저기에 실이 달려 있을 거예요. 참 난감하죠!

1 실을 정리하려면 우선 늘어져 있는 실을 돗바늘에 끼우세요.

2 돗바늘을 인형 뒤쪽으로 완전히 빼내세요. 실꼬리로 바느질할 일이 없으면, 몸통에 실을 밀어 넣었다가 빼내기를 여러 번 반복하세요. 너무 바싹 당겨버리면 배꼽처럼 쏙 들어가는 부분이 생기므로 주의하세요.

3 몸통을 충분히 여러 번 통과했으면 인형을 살짝 누른 상태에서 실을 자르세요. 그래야 자른 실 끝이 인형 밖으로 튀어나오지 않아요.

에고,,,
난감하네!

수놓기

눈을 달아준 걸로는 성이 차지 않아서 다른 걸 더 만들어주고 싶을 때가 있어요. 돗바늘과 다른 색상의 실만 있으면 인형에게 입, 코, 머리카락을 만들어주거나, 그 외의 여러 가지 디테일로 다양한 성격을 표현해줄 수 있어요. 저는 간단하게 1~2번만 스티치하는 걸 자주 애용하는데 자세한 설명은 아래를 읽어보세요.

박음질

스티치에서 박음질은 편물 위에 직선이든 곡선이든 선을 만들 수 있는 최상의 방법이에요. 입이나 눈썹 같은 선을 만들 수 있죠.

듀플리케이트 스티치(스위스 다닝 스티치)

다른 색상의 실로 배색뜨기를 하지 않고도 편물의 색상을 바꿀 수 있는 기법이에요.

1 첫 번째 땀을 뜨고 두 번째 땀이 끝나는 곳으로 바늘을 빼내세요.

1 V자 모양의 코의 아래쪽 뾰족한 부분으로 바늘을 빼내요. 바로 위에 있는 코 전체를 사진처럼 통과시키세요.

2 첫 번째 땀의 앞 부분이 시작되는 곳에 바늘을 밀어 넣으세요.

2 처음에 바늘이 나왔던 곳으로 다시 바늘을 집어넣으세요. 스티치를 하나 더 하려면 실이 나와 있는 구멍으로 바늘을 다시 집어넣으세요.

3 사진 1과 사진 2의 과정을 여러 번 반복하면 땀 사이사이가 벌어지지 않은 상태로 나란히 바느질된 선이 생겨요. 위나 아래로 향하는 곡선을 만들려면, 다음 땀을 뜰 때 바늘을 어디로 빼내야 하는지를 늘 염두에 두세요.

3 편물과 똑같은 모양의 스티치가 나와요. 사진 1과 사진 2를 반복하면 사진 3과 같은 스티치가 여러 개 생겨요.

기타 기법

부속 조각 이어서 뜨기 & 분리해서 뜨기

발이나 귀를 따로 떠서 몸통에 달아주는 게 쉽지만, 때로는 이런 부속 조각들을 몸통을 뜰 때 자연스럽게 연결해서 떠주는 게 더 나을 때가 있어요.

팔이나 기타 부속 조각 이어서 뜨기

어떤 도안에서 보면, 2개의 발을 원형뜨기로 따로따로 뜬 다음에 하나로 연결해서 몸통을 뜨도록 되어 있어요. 이 기법은 귀나 팔 같이 대칭으로 붙이고 싶은 조각들을 연결할 때도 사용할 수 있어요.

　　2개의 발을 완성했다고 가정해보죠. 한쪽 발에는 실 뭉치(발 1, 파란색)가 연결되어 있고 다른 발에는 실꼬리(발 2, 분홍색)가 연결되어 있어요. 2개의 발을 구별하기 쉽게 다른 색상의 실을 사용했어요.

1 각각의 발을 2개의 바늘에 동일한 수의 코를 나눠서 걸어주세요. 실이 연결되어 있는 코의 바늘이 앞에 오도록 발1을 오른쪽에 놓으세요. 자른 실꼬리가 뒤에 있는 바늘의 오른쪽에 오도록 발2를 왼쪽에 놓으세요.

2 다섯 번째 바늘로 발1의 앞쪽 바늘에 걸려 있는 코를 모두 겉뜨기하세요. 도안에 명시가 되어 있으면 감아코로 일정한 수의 코를 만드세요.

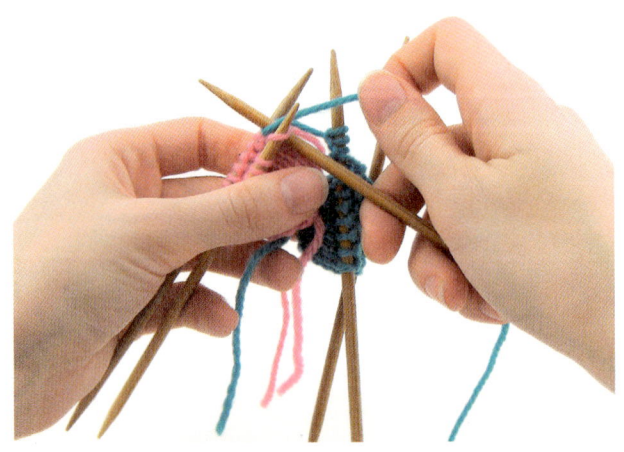

3 발1의 뒤쪽 바늘에 있는 코는 뜨지 않은 상태로 놔두고, 발2의 바늘 2개에 걸려 있는 코 전체를 맨 위쪽 바늘부터 겉뜨기하세요. 이제 발2가 연결됐어요.

4 발2의 실꼬리가 있는 곳까지 왔으면, 뜨고 있는 실과 실꼬리를 한번 꼬아줘야 코 사이가 벌어지지 않아요. 이 실꼬리는 나중에 발 2개를 다 연결하고 나서 가랑이 사이의 틈을 정리할 때 사용해요. 다시 한 번, 도안에 명시가 되어 있으면 감아코로 일정한 수의 코를 만드세요.

5 발1에 남아 있는 코를 겉뜨기하세요.

6 이제 2개의 발이 하나로 연결되었어요. 3개의 바늘에 코를 나눠 걸어요. 표시링을 끼우고 이제부터 원형뜨기로 몸통을 뜨세요.

귀나 기타 부속조각 분리해서 뜨기

인형 윗부분에 이음새가 없는 귀를 만들어주려면, 다리를 연결할 때 사용했던 기법과 반대(편물의 한 단을 2개로 나눠서)로 뜨면 됩니다. 다리나 팔 혹은 쌍으로 이루어진 부속 조직을 만들 때 이 기법을 사용하면 됩니다. 지금까지 뜬 조직의 마지막 단에서 시작하니까, 귀는 몸통의 맨 윗부분에서 떠야겠죠.

① 4개의 바늘에 고르게 코를 나눠서 걸어주세요. 예를 들어, 코가 총32개인 경우에는 4개의 바늘에 각각 8코씩 걸어주세요.

② 첫 번째 바늘에 걸려 있는 코를 겉뜨기하세요. 여기서는 알아보기 쉽게 다른 색상의 실을 사용했어요. 그리고 나서 두 번째, 세 번째 바늘에 있는 총16코를 안전핀에 걸어주세요.

③ 네 번째 바늘에 걸려 있는 코를 겉뜨기하세요. 바늘이 바뀌는 부분에서는 코 사이가 너무 벌어지지 않게 실을 바짝 잡아당기세요.

④ 지금 뜬 16코를 3개의 바늘에 나눠서 걸어주세요. 표시링을 끼우고 도안에 나와 있는 대로 뜨세요.

⑤ 한쪽 귀를 다 뜨고 나면 실을 자르고 돗바늘 마무리하세요. 두 번째 귀를 뜰 차례에요. 안전핀에 걸어둔 코를 3개의 바늘에 나눠 걸고 마지막 코(2개의 귀가 갈라지기 전의 코)에 실을 연결해서 2개의 귀 사이에 벌어져있는 부분을 돗바늘로 정리하세요.

⑥ 표시링을 끼우고 2개의 귀가 갈라지고 난 후 첫 번째 코부터 원형뜨기해요. 도안에 나와 있는 대로 떠서 두 번째 귀를 만드세요. 보통 첫 번째 귀를 떴을 때처럼 코를 나눠 거는 단이 없기 때문에 두 번째 귀를 만들 때는 원형뜨기 한 단을 더 뜨게 됩니다.
솜을 넣을 수 있는 다른 구멍이 없다면, 두 번째 귀를 마무리하기 전에 솜을 넣어주세요.

저도 이제 들을
수 있는 거죠?

실 연결하기

새로운 실을 연결할 때는 대부분 작업하던 실에다가 새로운 실을 묶어주면 됩니다. 하지만 때로는 다른 실 조각의 도움 없이 실을 연결할 때가 있어요.

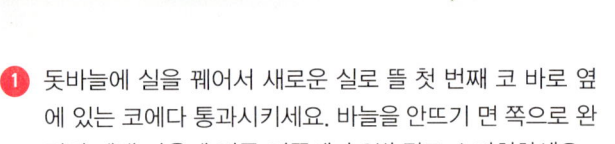

1 돗바늘에 실을 꿰어서 새로운 실로 뜰 첫 번째 코 바로 옆에 있는 코에다 통과시키세요. 바늘을 안뜨기 면 쪽으로 완전히 빼낸 다음에 편물 뒤쪽에다 2번 정도 스티치하세요.

2 실이 빠지지 않게 매듭을 지어주세요.

입체 조각에서 코줍기

부속 조각을 연결하는 다른 방법으로는 인형의 몸통에서 직접 코를 주어서 뜨개질하는 방법이 있어요. 바느질할 필요가 없어서 작거나 두께가 얇은 조각을 연결할 때 가장 이상적인 방법이에요.

1 부속 조각을 달아야 하는 편물(보통 인형의 몸통)을 거꾸로 들고 코를 어디서 주울 것인지를 정하세요. 제일 오른쪽부터 시작해서 장갑바늘로 코 사이에 있는 가로방향 막대를 집어 올리고 장갑바늘과 몸통 사이에 실을 걸쳐주세요. 이 때 실꼬리가 오른쪽에 놓이게 돼요.

2 걸려 있는 실을 장갑바늘을 이용해서 밑으로 잡아 빼면 보통 뜨개질 할 때처럼 고리가 하나 만들어져요.

3 사진 1과 사진 2를 반복해서 옆에 있는 코들을 주워 새로운 코를 만들어주세요.

매직 루프 기법

줄바늘로 뜨기

이 책에 있는 모든 도안은 장갑바늘로 뜨게 되어 있지만, 줄바늘을 선호하는 분은 매직 루프 기법을 이용해서 작은 원형조직도 뜰 수 있어요. 떠야 하는 전체 코 수의 길이보다 줄바늘의 길이가 몇 배는 더 길어요.

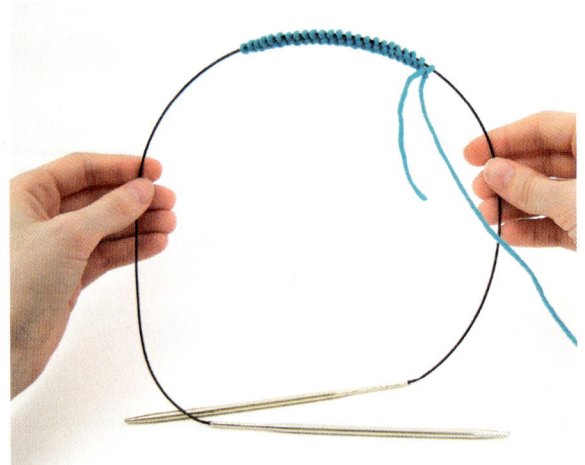

❶ 줄바늘에 표시된 숫자만큼의 코를 만든 다음에 2개의 바늘을 연결하는 플라스틱 줄 안쪽으로 코를 다 옮겨주세요.

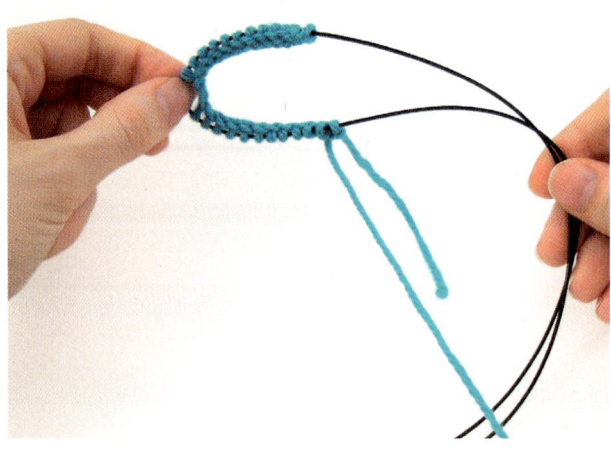

❷ 코를 이등분하고 플라스틱 줄을 반으로 접으세요. 이때 실이 연결되어 있는 부분이 아래에 와요. 이등분한 부분에 있는 줄을 잡으세요.

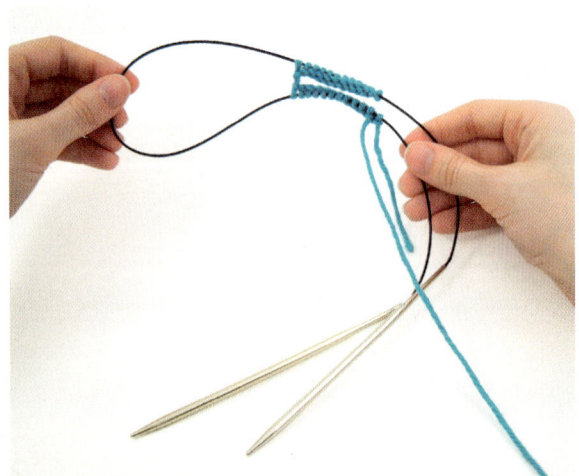

❸ 커다란 루프 모양이 될 때까지 줄을 쭉 잡아당기세요.

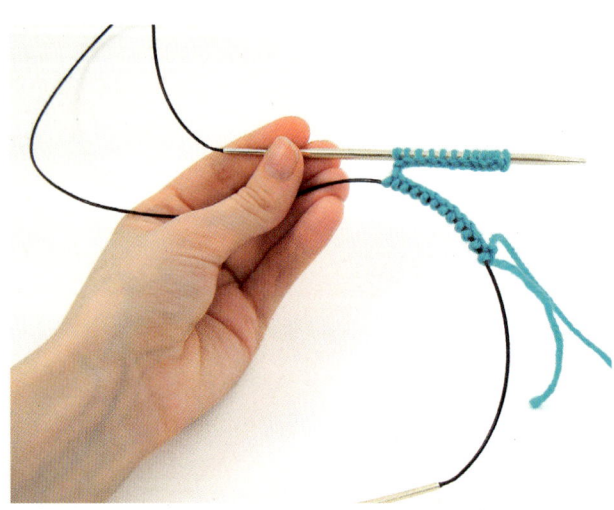

❹ 실이 연결되어 있지 않은 부분의 코들(위 그룹)을 바늘 끝으로 밀어주세요. 실이 연결되어 있는 부분은(아래 그룹) 그대로 둡니다.

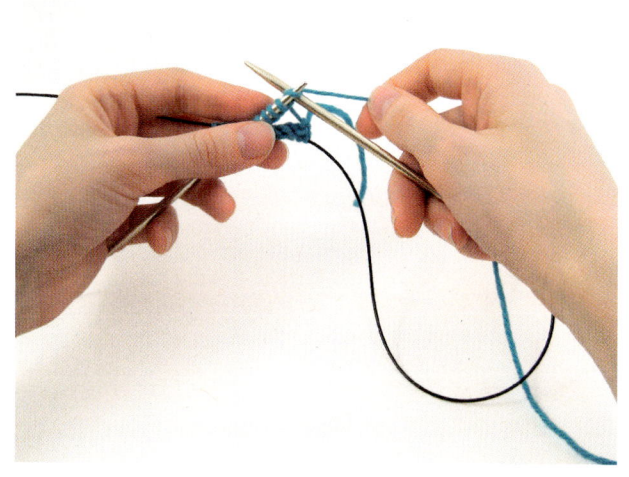

5 2개의 바늘 모두 코만들기 밑면이 아래로 향하게 하되 실이 꼬이지 않게 주의하세요. 코가 걸려 있지 않은 바늘을 오른손에 쥐고 겉뜨기하세요. 뜨개질하는 동안 플라스틱 줄이 오른쪽과 왼쪽 아래에 커다란 고리를 만들게 되죠

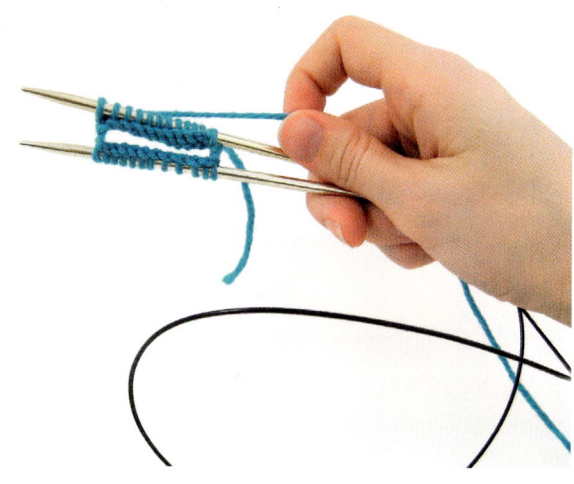

6 앞쪽 바늘에 걸려 있는 코를 다 뜨고 나면, 다른 바늘에 걸려 있는 코를 모두 바늘의 반대쪽으로 밀어주세요. 그러면 모든 코가 2개의 바늘 끝에 걸려 있어요.

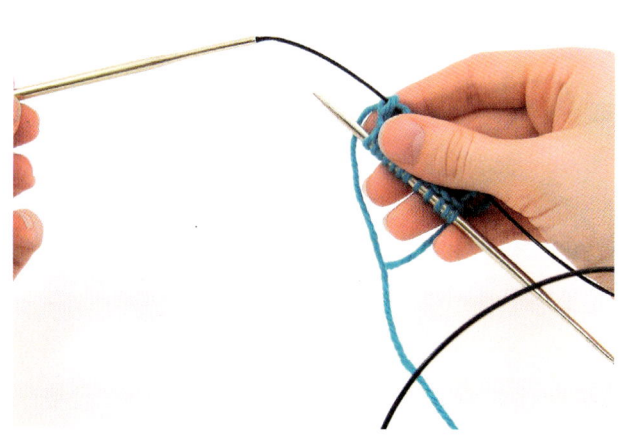

7 방금 뜬 코들(실이 연결되어 있는 쪽)을 플라스틱 줄 쪽으로 밀어주세요.

8 코가 걸려 있지 않은 바늘을 돌려 잡으면 사진 5와 동일한 모양으로 코가 놓이게 돼요. 이 상태에서 나머지 코들을 겉뜨기하세요. 사진 5~8을 반복해서 원형뜨기하세요. 몇 단 뜨고 나면 입체적으로 동그랗게 떠진 모양이 나올 거예요.

어린이(와 어른)를 위한 안전성 점검

손뜨개 인형은 선반 위에 올려놓고 바라봐도 좋지만 가지고 놀 수도 있어요. 또 그럴 수 있게 만들어야 하고요. 어른 아이 할 것 없이 이리저리 잡고 흔들어도 끄떡없을 정도로 튼튼한 인형을 만들기 위해서는 몇 가지 주의해야 할 사항이 있어요.

촘촘한 게이지로 시작해요

코가 촘촘할수록 인형에서 조각이 떨어져 나가거나 솔기가 터지거나 눈이 빠질 염려가 적어요. 물론 너무 쫀쫀하게 뜨면 뜨개질하는 게 힘들고 불편하기 때문에 대부분은 바늘 사이즈를 1단계나 2단계 낮춰준답니다.(더 자세한 정보는 19페이지의 게이지 참조)

여러 번 바느질해요

팔이나 귀 혹은 다른 부속 조각을 메리야스 잇기나 박음질로 달아주고 나서 한번 더 바느질해주면 더 단단하게 고정이 돼요. 솔기 부분도 2번씩 꿰매주면 인형이 뜯어지거나 분해될 위험이 적어지겠죠.

실꼬리는 한 번 이상 정리해요

부속 조각을 단단히 달아주고 나서는 실꼬리를 인형에 여러 번 통과시켜야 실수로 빠지지 않아요. 실을 너무 잡아당기면 배꼽처럼 쏙 들어간 모양이 생기니 주의하세요.

어린이를 위한 손뜨개 인형 만들기

가게에서 파는 인형이나 옷과 마찬가지로 3세 이하의 어린이를 위한 손뜨개 인형을 만들 때는 각별한 주의가 필요해요.

지나치게 작은 인형은 안 돼요

이 책에 나와 있는 초미니 인형들처럼 크기가 매우 작은 인형은 질식을 유발하는 위험요소가 될 수 있어요. 이런 도안을 안전하게 사용하는 방법 중 하나는 명시된 것보다 굵은 실로 게이지를 더 크게 내서 중간 사이즈 정도의 인형으로 뜨는 거예요.

작은 조각은 달지 마세요

크기가 약 4.5cm 이하인 부속조각이 달린 인형을 만들 경우에는 위험한 부속조각은 달지 않는 것이 최선이겠죠. 조각이 좀 더 큰 경우에는 안전한 크기인지 확인하고 앞에서 설명한 대로 확실하게 실꼬리를 정리해주세요.

디테일은 자수로 처리하세요

플라스틱 눈, 단추, 비즈를 다는 대신에 다른 색상의 실로 자수를 놓아주세요. 가지고 놀기에도 더 안전할 뿐 아니라 독특한 모양과 성격을 가진 인형이 만들어진답니다.

세탁과 보관

어떤 실을 사용했느냐에 따라 인형의 세탁 방법이 달라지지만, 세탁기로 빨 수 있는 울이나 세탁이 가능한 다른 실로 만든 인형의 경우에도 부분 세탁을 하는 것이 좋아요. 그래야 인형의 수명이 길어지거든요. 만약 부분 세탁이 불가능할 경우에는, 손으로 빨아서 모양을 다시 잡아주고 물기가 하나도 남지 않도록 완벽하게 말린 후에 보관하거나 가지고 놀면 됩니다.

인형을 가지고 놀지 않을 때는 직사광선이 들지 않는 곳에 보관해야 편물의 색이 바래는 것을 막을 수 있어요. 또한 건조한 곳에 보관해야 인형이 오래오래 행복하게 지낼 수 있답니다.

반전 매력의
맹수들

동물들이 좀 멍청하지 않나요? 늘 말썽만 일으키는데다 몸에 실
오라기 하나 걸치지 않은 녀석들도 수두룩하고 말이죠. 그래도
손뜨개 동물인형 하나쯤 있으면 좋겠다고요? 10개라도 부족하죠!

어리바리 사슴 》  잠꾸러기 진드기 》 패션 가발 돼지 》  바퀴 달린 다람쥐

베이비 악어

어리바리 사슴

덩치 큰 이 녀석은 자기가 새라도 되는 줄 아나 봐요!
그럼 어디 멋진 '날개'를 퍼덕일 때까지 기다려볼까요?

기법 늘리기, 2코 모아뜨기, 메리야스 잇기
도구 4.5~5.5mm 추천실(주요 색상: 짙은 갈색, 보조 색상: 옅은 갈색/분홍색/하늘색/노란색/오렌지색/검은색), 3.75mm, 4.0mm 장갑바늘 각 1세트, 안전핀, 나사눈(9mm), 돗바늘, 솜
완성 샘플 Cascade 220(4번 미디엄 굵기/우스티드, 100% 울, 약 100g/201m), 8686(브라운), 8622(카멜) 각 1볼, 9478(코튼캔디), 7827(골든로드), 8905(로빈 에그 블루), 9542(블레이즈), 8555(블랙) 각 1볼 미만
완성 크기 사슴: 뿔 포함 20cm, 새: 약 2.5cm
게이지 10코, 14단 (5cmx5cm 메리야스뜨기, 4.0mm 바늘)
11코, 15단 (5cmx5cm 메리야스뜨기, 3.75mm 바늘)

NOTE 새는 완성된 사이즈가 작아 유아에게 안전사고를 유발하는 요인이 될 수 있습니다.

우리는 덩치 크고
착한 친구들을
좋아해요!

발
보조 색상의 실로 4.0mm 3개의 바늘에 6코를 만들어서 나눠 걸고 원형뜨기
1단 늘리기x6번 (12코)
2단 (늘리기, 겉뜨기1)x6번 (18코)
3단 겉뜨기
주요 색상의 실로 바꾸기
4~6단 겉뜨기
실을 자르고 이 18코를 안전핀에 걸기
1~6단까지 반복해서 두 번째 다리를 만들고 이번에는 실을 끊지 않는다.
2개의 다리 연결하기
겉뜨기 9코를 뜨고 감아코로 3코를 만들고 남은 9코는 나중에 작업할 수 있게 다른 바늘에 걸어두기
안전핀에 걸어둔 18코를 다른 2개의 바늘에 나눠 걸고, 다섯 번째 바늘로 겉뜨기 18코 뜨기. 감아코로 3코를 만들고 다른 쪽 발의 9코를 겉뜨기하기 (42코) 3개의 바늘에 코를 나눠 걸고 표시링 끼워주기. 이제부터 몸통을 뜰 차례

몸통
1단~7단까지 모든 홀수단 겉뜨기
2단 (늘리기, 겉뜨기 5)x7번 (49코)
4단 (늘리기, 겉뜨기 6)x7번 (56코)
6단 (늘리기, 겉뜨기 7)x7번 (63코)
8단 (늘리기, 겉뜨기 8)x7번 (70코)
9~10단 겉뜨기 2단
11단 (늘리기, 겉뜨기9)x7번 (77코)
12~13단 겉뜨기 2단
14단 (늘리기, 겉뜨기10)x7번 (84코)
15~20단 겉뜨기 6단
21단 (겉뜨기10, 2코 모아뜨기)x7번 (77코)
22~23단 겉뜨기 2단
24단 (겉뜨기9, 2코 모아뜨기)x7번 (70코)
25~26단 겉뜨기 2단
27단 (겉뜨기8, 2코 모아뜨기)x7번 (63코)
28~29단 겉뜨기 2단
30단 (겉뜨기7, 2코 모아뜨기)x7번 (56코)
31~32단 겉뜨기 2단
33단 (겉뜨기6, 2코 모아뜨기)x7번 (49코)
34~35단 겉뜨기 2단
36단 (겉뜨기5, 2코 모아뜨기)x7번 (42코)
37~38단 겉뜨기 2단
39단 (겉뜨기4, 2코 모아뜨기)x7번 (35코)
40~41단 겉뜨기 2단
42단 (겉뜨기3, 2코 모아뜨기)x7번 (28코)
43단 겉뜨기
44단 (겉뜨기2, 2코 모아뜨기)x7번 (21코)
45단 겉뜨기
윗부분이 더 작아지기 전에 솜 넣기
46단 (겉뜨기1, 2코 모아뜨기)x7번 (14코)
47단 2코 모아뜨기x7번 (7코)

몸통 위에서부터 14단 되는 곳(34단)에 7코 간격으로 눈을 달아주기
실을 자르고 돗바늘로 코를 통과시킨 후 바짝 잡아당겨서 마무리

뿔(2개)

바느질할 수 있을 정도로 실꼬리를 길게 남겨놓고, 보조 색상의 실로 4.0mm 3개의 바늘에 20코를 만들어서 나눠 걸고 원형뜨기
1~12단 겉뜨기 12단

첫번째 작은뿔

13단 늘리기2, 겉뜨기2, 다음의 12코는 안전핀에 걸어두기, 겉뜨기2, 늘리기2 (12코)
3개의 바늘에 12코를 나눠 걸어서 원형 뜨기
14~18단까지 짝수단 겉뜨기
15단 늘리기2, 2코 남을 때까지 겉뜨기, 늘리기2 (16코)
17단 15단과 동일 (20코)
19단 15단과 동일 (24코)
20~22단 겉뜨기
23단 (2코 모아뜨기, 겉뜨기 2)x6번 (18코)
24단 겉뜨기
25단 (2코 모아뜨기, 겉뜨기1)x6번(12코)
26단 2코 모아뜨기x6번 (6코)
실을 자르고 돗바늘로 코를 통과시킨 후 바짝 잡아당겨서 마무리

두번째 작은뿔

안전핀에 걸려 있는 12코를 3개의 바늘에 나눠 걸기. 마지막 코에 실을 연결해서 원형뜨기
14단 늘리기 2, 2코 남을 때까지 겉뜨기, 늘리기2 (16코)
15단 겉뜨기
16단 14단과 동일 (20코)
17~20단 겉뜨기
21~34단 13~26단과 동일하게 뜨고 나서 실을 자르고 돗바늘로 코를 통과시킨 후 바짝 잡아당겨서 마무리

세번째 작은뿔

다시 한 번 안전핀에 걸려 있는 12코를 3개의 바늘에 나눠 걸고, 마지막 코에 실을 연결해서 원형뜨기
22~24단 겉뜨기 3단
25단 늘리기2, 2코 남을 때까지 겉뜨기, 늘리기2 (16코)
26단 겉뜨기
27단 25단과 동일 (20코)
28단 겉뜨기
29단 25단과 동일 (24코)
30~32단 겉뜨기 3단
33단 (2코 모아뜨기, 겉뜨기 2)x6번 (18코)
34단 겉뜨기
35단 (2코 모아뜨기, 겉뜨기 1)x6번 (12코)
36단 2코 모아뜨기x6번 (6코)
실을 자르고 돗바늘로 코를 통과시킨 후 바짝 잡아당겨서 마무리

팔(2개)

바느질할 수 있을 정도로 실을 길게 남겨놓고, 주요 색상의 실로 4.0mm 3개의 바늘에 6코를 만들어서 나눠 걸고 원형뜨기
1단 늘리기x6번 (12코)
2단 (늘리기, 겉뜨기)x6번 (18코)
3~7단 겉뜨기 5단
보조 색상의 실로 바꾸기
8~9단 겉뜨기 2단
10단 (2코 모아뜨기, 겉뜨기 1)x6번(12코)
솜 넣기
11단 2코 모아뜨기x6번 (6코)

실을 자르고 돗바늘로 코를 통과시킨 후 바짝 잡아당겨서 마무리

새(여러 개)

3.75mm 가는 바늘 3개에 6코를 만들어서 나눠 걸고 원형뜨기
1단 늘리기x6번 (12코)
2단 겉뜨기
3단 (늘리기, 겉뜨기1)x6번 (18코)
4~7단 겉뜨기 4단
8단 (2코 모아뜨기, 겉뜨기1)x6번 (12코)
솜 넣기
9단 2코 모아뜨기x6번 (6코)
실을 자르고 돗바늘로 코를 통과시킨 후 바짝 잡아당겨서 마무리
오렌지색 실을 이용해서 가로 스티치 5번으로 새의 부리를 만들어주고, 검은색 실로 1번씩 스티치해서 양쪽 눈 만들기

마무리

다리 사이로 필요한 만큼 솜을 더 채워준 다음, 메리야스 잇기로 바느질하세요.
검은색 실로 눈 5단 아래에 4코 간격으로 스티치해서 콧구멍 만들어 줍니다.
뿔 사이사이에 벌어진 부분을 바느질로 정리하고 솜을 단단히 채우세요.
뿔은 코만들기한 단이 있는 쪽을 머리에 고정시키는데, 위에서 11단 내려온 곳에서부터 메리야스 잇기로 달아줍니다.
팔이 앞으로 향하도록 메리야스 잇기로 몸통에 달아주세요
새들을 뿔에 꿰매거나 핀을 꽂아서 고정해주세요.
여기저기 늘어져 있는 실을 정리해주세요.

베이비 악어

하수관을 빠져 나온 악어들이…
이제 애완동물이 되려나 봐요.
말랑말랑한 젤리라도 받아먹을 태세네요.

기법 늘리기, 2코 모아뜨기, 버블 스티치(아래에 있는 스티치 패턴 참조), 오른코 줄이기, 안2코 모아뜨기, 메리야스 잇기

도구 4.5∼5.5.mm 추천실(주요 색상: 초록색, 보조 색상: 노란색), 4.0mm 장갑바늘 1세트, 나사눈(9mm), 돗바늘, 솜

완성 샘플 Cascade 220(4번 미디엄 굵기/우스티드, 100% 울, 약 100g/201m), 7814(샤르트뢰즈), 2409(팜), 9461(라임헤더), 7827(골든로드) 각 1볼 미만

완성 크기 11cm

게이지 10코, 14단 (5cm×5cm 메리야스뜨기, 4.0mm 바늘)

스티치 패턴 버블스티치: 한 코에서 늘리기를 2번 한 후에 왼쪽 바늘에서 코를 뺀다. 오른쪽 바늘의 맨 오른쪽에 걸려 있는 코부터 3개의 코를 차례로 네 번째 코에 덮어 씌운다

몸통

초록색 실로 3개의 바늘에 6코를 만들어서 원형뜨기

1단 겉뜨기

2단과 모든 짝수 단 (별도의 표시가 없으면) 겉뜨기

3단 안뜨기1, 겉뜨기1, 안뜨기1, 겉뜨기3 (6코)

5단과 7단 3단과 동일

8단 (늘리기, 겉뜨기1)x3번 (9코) 표시링 끼우기

9단 (겉뜨기1, 안뜨기1)x2번, 겉뜨기5 (9코)

11단과 13단 9단과 동일

14단 늘리기, 겉뜨기3, 늘리기, 겉뜨기1, 늘리기, 겉뜨기2 (12코)

15단 (겉뜨기1, 안뜨기2)x2번, 겉뜨기6 (12코)

17과 19단 15단과 동일

20단 늘리기, 겉뜨기5, (늘리기, 겉뜨기2)x2번 (15코)

21단 겉뜨기2, 안뜨기2, 겉뜨기1, 안뜨기2, 겉뜨기8 (15코)

23단 21단과 동일

24단 겉뜨기9, 늘리기, 겉뜨기2, 늘리기, 겉뜨기1, 늘리기 (18코)

25단 (겉뜨기1, 안뜨기3)x2번, 겉뜨기10 (18코)

27, 29, 31, 33단 25단과 동일

위턱 뜨기

34단부터 평면뜨기로 전환

34단 겉뜨기1, 늘리기, 겉뜨기5, 늘리기, 겉뜨기1, 나머지 9코는 다른 바늘에 걸어두기 (11코)

35단 안뜨기

36단 겉뜨기3, 버블1, 겉뜨기3, 버블1, 겉뜨기3 (11코)

37단 안뜨기

38단 겉뜨기3, 2코 모아뜨기, 겉뜨기1, 오른코 줄이기, 겉뜨기3 (9코)

39∼43단 안뜨기로 시작해서 메리야스뜨기 5단

44단 겉뜨기3, 버블1, 겉뜨기1, 버블1, 겉뜨기3 (9코)

45단 안뜨기1, 안2코 모아뜨기, 안뜨기3, 안2코 모아뜨기, 안뜨기1 (7코)

46단 3코 모아뜨기, 겉뜨기1, 3코 모아뜨기 (3코)

보조 색상의 실로 바꾸기

47단 안뜨기

48단 늘리기x3번 (6코)

49단 안뜨기

50단 겉뜨기1, 늘리기, 겉뜨기2, 늘리기, 겉뜨기1 (8코)

51∼55단 안뜨기로 시작해서 메리야스뜨기 5단

56단 겉뜨기1, 늘리기, 겉뜨기4, 늘리

도시 전설을 좋아하는 분을 위한 선물이라면 제가 적격이죠.

Ⓐ 아래턱 단을 다 뜨고 난후, 입 안쪽을 연결해서 원형뜨기 하세요.

Ⓑ 노란색 실을 사용해서 메리야스 뜨기로 턱과 입 안쪽을 바느질 하세요.

기, 겉뜨기1 (10코)

57단 안뜨기

실을 끊고 이 10코를 나중에 작업할 수 있게 다른 바늘에 걸어두기.

아래턱 뜨기

다른 바늘에 걸어두었던 9코에 초록색 실을 다시 연결해서 평면뜨기

34단 겉뜨기, 2코 모아뜨기, 겉뜨기3, 오른코 줄이기, 겉뜨기1 (7코)

35~37단 메리야스 뜨기 3단

38단 겉뜨기1, 2코 모아뜨기, 겉뜨기1, 오른코 줄이기, 겉뜨기1 (5코)

39~43단 메리야스 뜨기 5단

44단 겉뜨기1, 3코 모아뜨기, 겉뜨기1 (3코)

노란색 실로 바꾸기

45단 안뜨기

46단 겉뜨기1, 늘리기, 겉뜨기1 (4코)

47~49단 메리야스 뜨기 3단

50단 겉뜨기1, 늘리기2, 겉뜨기1 (6코)

51~55단 메리야스 뜨기 5단, 안뜨기 로 끝남

56단 겉뜨기6, 편물을 돌리지 말고 다른 바늘에 걸려 있는 10코 겉뜨기

16코를 3개의 바늘에 나눠 걸고 다시 원형뜨기하면 윗턱의 58단과 연결된다. 도 안에서는 아래턱의 단수로 표기함. 노란 색으로 뜬 부분과 아래턱 부분이 더 작아 보이는데, 위로 벌어진 형태를 만들어 준 부분임.(사진 A 참조)

57~64단 겉뜨기 8단

65단 (2코 모아뜨기, 겉뜨기2)x4번 (12코)

66~69단 겉뜨기 4단

70단 2코 모아뜨기x6번 (6코)

실을 자르고 돗바늘로 코를 통과시킨 후 바짝 잡아당겨서 마무리

발(4개)

바느질할 수 있을 정도로 실을 길게 남겨 놓고, 초록색 실로 1개의 바늘에 6코를 만 들어서 아이코드로 뜨기

겉뜨기 3단

다음 단 2코 모아뜨기x3번 (3코)

겉뜨기 2단

다음 단 늘리기x3번 (6코)

겉뜨기로 1단을 더 뜨고 나서 실을 자르 고 돗바늘로 코를 통과시킨 후 바짝 잡 아당겨 마무리

마무리

발을 제외한 나머지 모든 부분의 실을 정 리합니다. 머리에서 첫 번째 버블 스티치 바로 밑에다 눈을 달아 주세요.

꼬리에 솜을 살짝 넣어주고 노란색으로 뜬 부분을 몸 안쪽으로 밀어 넣으세요. 눈 사이의 머리 쪽에다 솜을 좀더 채우 세요.

메리야스 잇기로 위턱의 앞에서부터 시작 해서 아래턱으로, 그 다음에 위턱의 나머지 부분의 순서로 바느질해서 위턱과 아래턱 을 각각 고정해줍니다. (사진 B 참조)

발이 앞쪽으로 향하도록 몸통에 달아줍니 다.

잠꾸러기 진드기

꼭 안아주고 싶을 정도로 귀여운 요런 진드기와 함께라면 잠자리에 드는 게 하나도 무섭지 않겠죠!

기법 늘리기, 2코 모아뜨기, 메리야스 잇기

도구 4.5~5.5mm 추천실(몸통: 하늘색/민트색/보라색, 모자: 진분홍색, 모자 별무늬: 흰색, 눈: 검은색), 4.0mm 장갑바늘 1세트, 돗바늘, 솜

완성 샘플 Cascade 220(4번 미디엄 굵기/우스티드, 100%

울, 약 100g/201m), 8905(로빈 에그 블루), 9076(민트), 7809(바이올렛), 8555(블랙), 9469(핫핑크), 8505(화이트) 각 1볼 미만

완성 크기 약 10cm

게이지 10코, 14단 (5cm×5cm 메리야스뜨기, 4.0mm 바늘)

몸통

3개의 바늘에 6코를 만들어서 나눠 걸고 원형뜨기

1단 늘리기×6번 (12코), 표시링 끼우기

2단 (늘리기, 겉뜨기1)×6번 (18코)

3단 겉뜨기

4단 (늘리기, 겉뜨기2)×6번 (24코)

5단 겉뜨기

6단 (늘리기, 겉뜨기3)×6번 (30코)

7~8단 겉뜨기 2단

9단 (늘리기, 겉뜨기4)×6번 (36코)

10~12단 겉뜨기 3단

13단 (겉뜨기4, 2코 모아뜨기)×6번(30코)

14~15단 겉뜨기 2단

16단 (겉뜨기3, 2코 모아뜨기)×6번 (24코)

17단 겉뜨기

18단 (겉뜨기2, 2코 모아뜨기)×6번 (18코)

19단 (겉뜨기1, 2코 모아뜨기)×6번 (12코)

20단 (늘리기, 겉뜨기1)×6번 (18코)

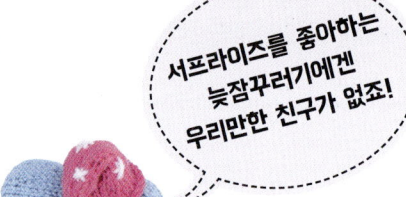

> 서프라이즈를 좋아하는 늦잠꾸러기에겐 우리만한 친구가 없죠!

21단 겉뜨기

22단 (늘리기, 겉뜨기2)×6번 (24코)

23~24단 겉뜨기 2단

25단 (늘리기, 겉뜨기3)×6번 (30코)

26~27단 겉뜨기 2단

28단 (겉뜨기3, 2코 모아뜨기)×6번 (24코)

29~30단 겉뜨기 2단

31단 (겉뜨기2, 2코 모아뜨기)×6번 (18코)

32단 겉뜨기

솜 넣기

33단 (겉뜨기1, 2코 모아뜨기)×6번 (12코)

34단 2코 모아뜨기×6번 (6코)

머리에 솜을 좀 더 넣어준 다음, 실을 자

르고 돗바늘로 코를 통과시킨 후 바짝 잡아당겨 마무리

더듬이(2개)

바느질할 수 있을 정도로 실을 길게 남겨놓고, 3개의 바늘에 6코를 만들어 나눠 걸고 원형뜨기

겉뜨기로 3단을 뜨고 나서 실을 자르고 돗바늘로 코를 통과시킨 후 바짝 잡아당겨 마무리

발(6개)

바느질할 수 있을 정도로 실을 길게 남겨놓고, 3개의 바늘에 8코를 만들어 나눠 걸어서 원형뜨기

겉뜨기로 4단을 뜨고 나서 실을 자르고 돗바늘로 코를 통과시킨 후 바짝 잡아당겨서 마무리

마무리

검은색 실과 돗바늘을 사용하여 V자 모양으로
눈을 만들어 주세요.
더듬이에 솜을 약간 넣은 후에 메리야스 잇기
로 머리에 달아주세요.
다리에 솜을 약간 넣은 후에 메리야스 잇기로
한쪽에 발을 3개씩 달아줍니다.
늘어져 있는 실을 정리합니다.

수면모자

진분홍색 실로 3개의 바늘에 24코를 만들어서
나눠 걸고 표시링을 끼운 후 원형뜨기
1~4단 겉뜨기 4단
5단 (2코 모아뜨기, 겉뜨기4)x4번 (20코)
6~7단 겉뜨기 2단
8단 (2코 모아뜨기, 겉뜨기3)x4번 (16코)
9~14단 겉뜨기 6단
15단 (2코 모아뜨기, 겉뜨기2)x4번 (12코)
16~19단 겉뜨기 4단
20단 (2코 모아뜨기, 겉뜨기1)x4버(8코)
21~24단 겉뜨기 4단
실을 자르고 돗바늘로 코를 통과시킨 후 바짝
잡아당겨 마무리
흰색 실로 모자에 별 모양 자수 놓기
모자의 윗부분을 구부려서 고정. 늘어져 있는
실 정리

패션 가발 돼지

돼지 저금통을 노리고 있는 녀석들한테서 잠시라도
눈을 떼면 이런 사고를 친다니까요.
한껏 멋을 내고 싶은 가봐요.

곱슬머리 아프로

전사머리 모호크

기법 늘리기, 2코 모아뜨기, 안2코 모아뜨기, 3코 모아뜨기, 아이코드, 코줍기, 메리야스 잇기
도구 4.5~5.5mm 추천실(몸통: 분홍색, 가발: 보라색/하늘색/노란색/초록색, 고정끈: 흰색, 코: 검은색), 4.0mm 장갑바늘 1세트, 안전핀, 나사눈(9mm), 돗바늘, 솜
완성 샘플 Cascade 220(4번 미디엄 굵기/우스티드, 100%

울, 약 100g/201m), 9478(코튼 캔디) 1볼, 7808(퍼플 히아신스), 9421(블루 하와이), 7827(골든로드), 7814(샤르트뢰즈), 8505(화이트) 각 1볼 미만, 8555(블랙) 90cm 정도
완성 크기 약 17cm
게이지 10코, 14단 (5cmx5cm 메리야스뜨기, 4.0mm 바늘)

몸통
분홍색 실로 3개의 바늘에 6코를 만들어서 나눠 걸고 원형뜨기
1단 늘리기x6번 (12코) 표시링 끼우기
2단 (늘리기, 겉뜨기1)x6번 (18코)
3~15단까지 홀수 단 겉뜨기
4단 (늘리기, 겉뜨기2)x6번 (24코)
6단 (늘리기, 겉뜨기3)x6번 (30코)
8단 (늘리기, 겉뜨기4)x6번 (36코)
10단 (늘리기, 겉뜨기5)x6번 (42코)
12단 (늘리기, 겉뜨기6)x6번 (48코)
14단 (늘리기, 겉뜨기7)x6번 (54코)
16단 (늘리기, 겉뜨기8)x6번 (60코)
17~36단 겉뜨기 20단
37단 (2코 모아뜨기, 겉뜨기8)x6번 (54코)
38~46단까지 짝수 단 겉뜨기
39단 (2코 모아뜨기, 겉뜨기7)x6번 (48코)
41단 (2코 모아뜨기, 겉뜨기6)x6번 (42코)
43단 (2코 모아뜨기, 겉뜨기5)x6번 (36코)
45단 (2코 모아뜨기, 겉뜨기4)x6번 (30코)

47단 (2코 모아뜨기, 겉뜨기3)x6번 (24코)
48~51단 겉뜨기 4단
솜 넣기
52단 (2코 모아뜨기, 겉뜨기1)x8번 (16코)
53단 겉뜨기
54단 2코 모아뜨기x8번 (8코)
43단의 줄인 부분 2군데에 눈 달아주기
주둥이 쪽에 솜 더 채우기. 실을 자르고
돗바늘로 코를 통과시킨 후 바짝 잡아당겨 마무리

귀(2개)
분홍색 실로 1개의 바늘에 10코를 만들어 평면뜨기
1단 안뜨기
2단 겉뜨기1, 2코 모아뜨기, 겉뜨기4, 2코 모아뜨기, 겉뜨기1(8코)
3~7단 메리야스 뜨기 5단
8단 겉뜨기1, 2코 모아뜨기x3번, 겉뜨기1(5코)

좋아하는 스타일리스트나 가발 디자이너에게 저를 소개해보세요!

귀족머리 비하이브

9단 안뜨기
10단 겉뜨기1, 3코 모아뜨기, 겉뜨기1(3코)
실을 자르고 돗바늘로 코를 통과시킨 후
바짝 잡아당겨서 마무리

발(4개)
분홍색 실로 3개의 바늘에 12코를 만들어서 나눠 걸고 원형뜨기
1~6단 겉뜨기 6단
7단 2코 모아뜨기x6번 (6코)
실을 자르고 돗바늘로 코를 통과시킨 후
바짝 잡아당겨서 마무리

꼬리

1개의 바늘로 30코를 만들어 바로 코막음
2코 모아뜨기, (2코 모아뜨기, 오른코로 코막음하듯이 덮어씌우기)를 끝까지 반복

TIP 꼬리가 동그랗게 말리게 하려면 코를 느슨하게 만든 다음, 잡아 당기면서 코막음하기

마무리

주둥이에 있는 실꼬리는 돗바늘로 잡아당겨서 마무리했던 구멍 가운데로 빼내고 코 모양을 납작하게 만듭니다.
발에 솜을 넣어주고 몸통 아래쪽에 메리야스 잇기로 달아주세요.
귀는 일직선이 아니라 약간 둥근 모양이 되도록 메리야스 잇기로 달아줍니다.
꼬리는 위로 올라가는 모양으로 달아주세요.
검은색 실과 돗바늘로 코에 콧구멍을 세로로 길게 수놓아요.
늘어져 있는 실을 정리합니다.

우아한 비하이브 가발
(아래서부터 위로 뜨기)

보라색 실로 1개의 바늘로 4코 만들기
1단 (아이코드로 뜨기) 늘리기x4번 (8코)
3개의 바늘에 8코를 나눠 걸고 표시링을 끼운 후에 원형뜨기
2단 늘리기x8번 (16코)
3~9단까지 홀수 단 겉뜨기
4단 (늘리기, 겉뜨기1)x8번 (24코)
6단 (늘리기, 겉뜨기2)x8번 (32코)
8단 (늘리기, 겉뜨기3)x8번 (40코)
10단 (늘리기, 겉뜨기4)x8번 (48코)
11~18단 (겉뜨기3, 안뜨기1, 겉뜨기3, 안뜨기1)x6번 (8단 반복)
19단 (2코 모아뜨기, 겉뜨기1, 안뜨기1, 겉뜨기3, 안뜨기1)x6번 (42코)

20단 (겉뜨기2, 안뜨기1, 겉뜨기3, 안뜨기1)x6번
21단 (2코 모아뜨기, 안뜨기1, 겉뜨기3, 안뜨기1)x6번 (36코)
22단 (겉뜨기1, 안뜨기1, 겉뜨기3, 안뜨기1)x6번
23단 (2코 모아뜨기, 겉뜨기3, 안뜨기1)x6번 (30코)
24단 (늘리기, 겉뜨기3, 안뜨기1)x6번 (36코)
25단 (겉뜨기5, 안뜨기1)x6번
26단 (늘리기, 안뜨기1, 겉뜨기3, 안뜨기1)x6번 (42코)
27~30단 (겉뜨기2, 안뜨기1, 겉뜨기3, 안뜨기1)x6번 (4단 반복)
31단 (2코 모아뜨기, 안뜨기1, 겉뜨기3, 안뜨기1)x6번 (36코)
32단 (겉뜨기1, 안뜨기1, 겉뜨기3, 안뜨기1)x6번
33단 (2코 모아뜨기, 겉뜨기3, 안뜨기1)x6번 (30코)
34단 (겉뜨기4, 안뜨기1)x6번
35단 (2코 모아뜨기, 겉뜨기2, 안뜨기1)x6번 (24코)
36단 (늘리기, 겉뜨기2, 안뜨기1)x6번 (30코)
37단 (겉뜨기4, 안뜨기1)x6번
38단 (늘리기, 겉뜨기3, 안뜨기1)x6번 (36코)
39~40단 (겉뜨기2, 안뜨기1)x12번
41단 (2코 모아뜨기, 안뜨기1, 겉뜨기2, 안뜨기1)x6번 (30코)
42단 (겉뜨기1, 안뜨기1, 겉뜨기2, 안뜨기1)x6번
43단 (2코 모아뜨기, 겉뜨기2, 안뜨기1)x6번 (24코)
44단 (겉뜨기3, 안뜨기1)x6번
45단 (2코 모아뜨기, 겉뜨기1, 안뜨기1)x6번 (18코)

46단 (겉뜨기2, 안뜨기1)x6번
솜을 넣어주세요.
47단 (2코 모아뜨기, 안뜨기1)x6번 (12코)
48단 2코 모아뜨기x6번 (6코)
실을 자르고 돗바늘로 코를 통과시킨 후 바짝 잡아당겨 마무리.

비하이브 애교머리(6개)

가발과 같은 색상의 실로 돼지 꼬리와 동일하게 뜨기

비하이브 마무리

가발 양쪽에 애교머리를 3개씩 달아줍니다. 필요하면 가발 모양이 잘 살아나도록 손으로 모양을 잡아주세요.
늘어져 있는 실을 정리합니다.

비하이브 고정끈

흰색 실로 가발 오른쪽 아래에서 3코를 주워(39쪽) 아이코드로 22cm 정도 될 때까지 뜨고 코막음
가발 왼쪽 아래도 같은 방식으로 두 번째 끈 만들기

멋쟁이 아프로 가발
(아래서부터 위로 뜨기)

하늘색 실로 1개의 바늘로 4코 만들기
1~10단 비하이브 도안과 동일(48코)
11단 늘리기, (겉뜨기1, 안뜨기1) 끝까지(49코)
12단 (안뜨기1, 겉뜨기1) 끝까지
13단 (겉뜨기1, 안뜨기1) 끝까지
12~13단을 반복하면 멍석뜨기 무늬가 된다.
14단 안뜨기, 늘리기2, (겉뜨기1, 안뜨기1)x5번, 늘리기2, (겉뜨기1, 안뜨기1)x5번, 늘리기2, (겉뜨기1, 안뜨기1)x5번, 늘리기2, (겉뜨기1, 안뜨기1)x5번 (57코)
15~17단 멍석뜨기 무늬 유지하면서 뜨기

18단 안뜨기1, 늘리기2, (겉뜨기1, 안뜨기1)x6, 늘리기2, (겉뜨기1, 안뜨기1)x6, 늘리기2, (겉뜨기1, 안뜨기1)x6, 늘리기2, (겉뜨기1, 안뜨기1)x6(65코)

19~21단 멍석뜨기 무늬 유지하면서 뜨기

22단 안뜨기1, (겉뜨기1, 안뜨기1)x6번, 2코 모아뜨기, 안2코 모아뜨기, (겉뜨기1, 안뜨기1)x6번, 2코 모아뜨기, 안2코 모아뜨기, (겉뜨기1, 안뜨기1)x6번, 2코 모아뜨기, 안2코 모아뜨기, (겉뜨기1, 안뜨기1)x6번, 2코 모아뜨기, 안2코 모아뜨기 (57코)

23~25단 멍석뜨기 무늬 유지하면서 뜨기

26단 안뜨기1, (겉뜨기1, 안뜨기1)x5번, 2코 모아뜨기, 안2코 모아뜨기, (겉뜨기1, 안뜨기1)x5번, 2코 모아뜨기, 안2코 모아뜨기, (겉뜨기1, 안뜨기1)x5번, 2코 모아뜨기, 안2코 모아뜨기, (겉뜨기1, 안뜨기1)x5번, 2코 모아뜨기, 안2코 모아뜨기 (49코)

27~29단 멍석뜨기 무늬 유지하면서 뜨기

30단 안뜨기1, (겉뜨기1, 안뜨기1)x4번, 2코 모아뜨기, 안2코 모아뜨기, (겉뜨기1, 안뜨기1)x4번, 2코 모아뜨기, 안2코 모아뜨기, (겉뜨기1, 안뜨기1)x4번, 2코 모아뜨기, 안2코 모아뜨기, (겉뜨기1, 안뜨기1)x4번, 2코 모아뜨기, 안2코 모아뜨기 (41코)

31~32단 멍석뜨기 무늬 유지하면서 뜨기

33단 겉뜨기1, (안뜨기1, 겉뜨기1)x3번, 안2코 모아뜨기, 2코 모아뜨기, (안뜨기1, 겉뜨기1)x3번, 안2코 모아뜨기, 2코 모아뜨기, (안뜨기1, 겉뜨기1)x3번, 안2코 모아뜨기, 2코 모아뜨기 (안뜨기1, 겉뜨기1)x3번, 안2코 모아뜨기, 2코 모아뜨기 (33코)

34~35단 멍석뜨기 무늬 유지하면서 뜨기

36단 안뜨기1, (겉뜨기1, 안뜨기1)x2번, 2코모아뜨기, 안2코 모아뜨기, (겉뜨기1, 안뜨기1)x2번, 2코 모아뜨기, 안2코 모아뜨기, (겉뜨기1, 안뜨기1)x2번, 2코 모아뜨기, 안2코 모아뜨기, (겉뜨기1, 안뜨기1)x2번, 2코 모아뜨기, 안2코 모아뜨기 (25코)

37단 멍석뜨기 무늬 유지하면서 뜨기

38단 안뜨기1, 겉뜨기1, 안뜨기1, 2코 모아뜨기, 안2코 모아뜨기, 겉뜨기1, 안뜨기1, 2코 모아뜨기, 안2코 모아뜨기, 겉뜨기1, 안뜨기1, 2코 모아뜨기, 안2코 모아뜨기, 겉뜨기1, 안뜨기1, 2코 모아뜨기, 안2코 모아뜨기 (17코)

솜 넣기

39단 3코 모아뜨기, (안2코 모아뜨기, 2코 모아뜨기)x3번, 안2코 모아뜨기 (8코)

실을 자르고 돗바늘로 코를 통과시킨 후 바짝 잡아당겨 마무리

아프로 구렛나루(2개)

하늘색 실로 1개의 바늘로 8코 만들어 평면뜨기

1~2단 겉뜨기 2단

3단 겉뜨기1, 2코 모아뜨기, 겉뜨기2, 2코 모아뜨기, 겉뜨기1(6코)

4~6단 겉뜨기 3단

7단 겉뜨기1, 2코 모아뜨기x2번, 겉뜨기1(4코)

8~15단 겉뜨기 8단

코막음하기

아프로 마무리

구렛나루의 코막음한 면을 가발의 양쪽에 박음질로 달아 주세요.
늘어져 있는 실을 정리합니다.

아프로 고정끈

비하이브 고정끈과 동일하게 만들기

단정한 단발머리 밥

단정한 밥 가발

바느질할 수 있을 정도로 실을 길게 남겨놓고, 노란색 실로 3개의 바늘에 30개 코를 만들어서 나눠 걸고 원형뜨기

1~4단 겉뜨기 4단

5단 늘리기, 겉뜨기12, 2코 모아뜨기x2번, 겉뜨기12, 늘리기

6~7단 겉뜨기 2단

8단 5단과 동일

9~10단 겉뜨기 2단

11단 5단과 동일

12~51단 겉뜨기 40단

52단 2코 모아뜨기, 겉뜨기12, 늘리기2, 겉뜨기12, 2코 모아뜨기

53~54단 겉뜨기 2단

55단 52단과 동일

56~57단 겉뜨기 2단

58단 52단과 동일

59~60단 겉뜨기 2단

코막음하기

밥의 앞머리

노란색 실로 1개의 바늘로 10코를 만들어 평면뜨기

1단 안뜨기

2단 겉뜨기1, 늘리기, 겉뜨기6, 늘리기, 겉뜨기1 (12코)

3~5단 안뜨기로 시작해서 메리야스 뜨기 3단

6단 겉뜨기1, 늘리기, 겉뜨기8, 늘리기, 겉뜨기1(14코)

7~9단 메리야스 뜨기 3단

Ⓐ 밥의 가발은 조금만 넣고 바느질로 마무리하여 납작하고 앞머리가 가운데에 있는 형태가 나오도록 만드세요.

Ⓑ 스파이키를 반으로 접어서 코를 걸어놨던 바늘을 나란히 놓고 뜨세요.

10단 겉뜨기1, 2코 모아뜨기, 겉뜨기8, 2코 모아뜨기, 겉뜨기1 (12코)

11~13단 메리야스 뜨기 3단

14단 겉뜨기1, 2코 모아뜨기, 겉뜨기6, 2코 모아뜨기, 겉뜨기1 (10코)

15단 안뜨기

코막음하기

밥 마무리

가발을 납작하게 펼쳐놓으면 초승달 모양입니다. 솜을 약간 넣고 양끝을 메리야스 잇기로 막아주세요.

가르마가 가운데에 놓이도록 위치를 잡고 같은 색상의 실로 한 땀씩 박음질하세요. 이때 2장의 편물을 같이 꿰매줘야 합니다. 가르마를 중심으로 솜이 한쪽으로 치우치지 않게 주의하세요.

앞머리를 반으로 접어서 메리야스 잇기로 3면을 모두 바느질합니다. 짧은 쪽을 가발의 앞쪽에 고정해서 바느질해요.(사진 A 참조) 늘어져 있는 실을 정리합니다.

밥 고정끈

하얀색 실로 옆머리의 아래쪽 바느질 선에서 안쪽으로 5단 정도, 앞에서부터 6코 정도 들어간 곳에서 3코 주워서 약 17cm 정도 될 때까지 아이코드로 뜨고 나서 코막음

반대쪽도 동일한 방법으로 뜨고 실꼬리 정리

거대한 모호크 가발

NOTE 뜨고 나서 안뜨기 면이 밖으로 나오게 뒤집기

바느질할 수 있을 정도로 실을 길게 남겨놓고, 3개의 바늘에 26코를 만들어서 나눠 걸기. 표시링을 끼우고 원형뜨기

1단 겉뜨기

2단 늘리기, 겉뜨기11, 늘리기2, 겉뜨기11, 늘리기 (30코)

3단 겉뜨기

4단 늘리기, 겉뜨기13, 늘리기2, 겉뜨기13, 늘리기 (34코)

5~14단 겉뜨기 10단

표시링을 빼고 처음 17코를 다른 바늘에 옮겨놓은 다음 나머지 17코를 또 다른 바늘로 옮기기. 처음 17코를 먼저 평면뜨기

15~53단 '모호크 스파이키' 차트에 나와 있는 대로 작업

길다란 스파이키 조각을 반으로 접으면 2개의 바늘이 나란히 놓이는데, 하나의 바늘에는 지금 막 뜬 17코가 걸려 있고 다른 바늘에는 아직 뜨지 않은 17코가 걸려 있는 상태.(사진 B 참조)

3개의 바늘에 34코를 나눠 걸고 표시링을 끼운 후 다시 원형뜨기

54~63단 겉뜨기 10단

64단 2코 모아뜨기, 겉뜨기13, 2코 모아뜨기x2번, 겉뜨기13, 2코 모아뜨기 (30코)

65단 겉뜨기

66단 2코 모아뜨기, 겉뜨기11, 2코 모아뜨기x2번, 겉뜨기11, 2코 모아뜨기 (26코)

67단 겉뜨기

코막음하기

모호크 마무리

안뜨기 면이 밖으로 나오게 뒤집으면 스

C 돗바늘을 이용해서 스파이키의 뚫려 있는 양쪽을 메리야
스 잇기로 꿰매주세요.

파이키의 겉뜨기 면이 보입니다.
스파이키 부분이 모호크 가발의 세로부분이 되
는 거예요. 이 부분을 가운데로 높이 솟은 모양
으로 만들고 나머지 부분은 납작하게 펼친 후
뚫려 있는 부분을 박음질합니다(사진 C 참조).
스파이키 부분을 반으로 접으면 대롱대롱 매
달려 있는 것처럼 보이죠. 돗바늘을 2코씩 잡
아서 메리야스 잇기로 한쪽을 막아줍니다. 스
파이키에 솜을 넣어주고 반대편도 바느질해주
세요.
가운데 부분을 머리카락의 바닥에 단단히 고
정해줍니다.

모호크 고정끈

하얀색 실로 옆머리의 앞에서부터 5코 정도 안
쪽으로 들어간 곳에서 3코를 주워서 뜨기
23cm 정도가 될 때까지 아이코드로 뜬 후에
코막음하고, 반대쪽도 동일한 방법으로 뜨고
늘어져 있는 실 정리

모호크 스파이키

*스파이키 헤어 윗머리를 세운 머리 스타일

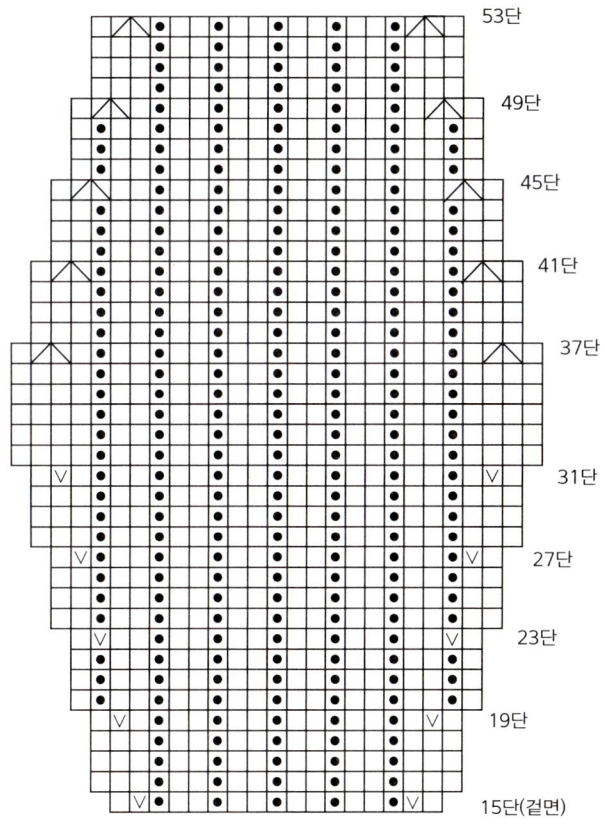

□ 겉면에서 겉뜨기, 안면에서 안뜨기

● 겉면에서 안뜨기, 안면에서 겉뜨기

Ⅴ 늘리기

⟋⟍ 2코 모아뜨기

바퀴 달린 다람쥐

귀여운 설치류들에게 어두운 밤은 신나는 댄스타임!

기법 늘리기, 2코 모아뜨기, ,메리야스 잇기

도구 4.5~5.5.mm 추천실(갈색 다람쥐 – 몸통: 갈색, 바퀴: 회색, 휠/코: 검은색, 노란색 다람쥐 – 몸통: 노란색, 바퀴: 주황색, 휠/코: 밤색), 4.0mm 장갑바늘 1세트, 안전핀, 나사눈(9mm), 돗바늘, 솜

완성 샘플 Cascade 220(4번 미디엄 굵기/우스티드, 100% 울, 약 100g/201m) 갈색 다람쥐 – 7821(시에나) 1볼, 8509(그레이) 1볼 이하, 8555(블랙) 90cm, 노란색 다람쥐 – 7827(골든로드) 1볼, 9444(탠저린) 1볼 미만, 8686(갈색) 90cm

완성 크기 약 14cm

게이지 10코, 14단 (5cmx5cm 메리야스뜨기, 4.0mm 바늘)

몸통

(꼬리에서부터 시작해서 뜨기)
몸통 색상의 실로 3개의 바늘에 6코를 만들어서 나눠 걸고 원형뜨기

1단 겉뜨기

2단 늘리기 6번 (12코), 표시링 끼우기

3단 겉뜨기

4단 (늘리기, 겉뜨기1)x6번 (18코)

5~6단 겉뜨기 2단

7단 (늘리기, 겉뜨기2)x6번 (24코)

8~9단 겉뜨기 2단

10단 (늘리기, 겉뜨기3)x6번 (30코)

11~12단 겉뜨기 2단

13단 (늘리기, 겉뜨기4)x6번 (36코)

14~15단 겉뜨기 2단

16단 (늘리기, 겉뜨기5)x6번 (42코)

17~18단 겉뜨기 2단

19단 (늘리기, 겉뜨기6)x6번 (48코)

20~31단 겉뜨기 12단

32단 (2코 모아뜨기, 겉뜨기6)x6(42코)

33~36단 겉뜨기 4단

37단 (2코 모아뜨기, 겉뜨기5)x6 (36코)

38~41단 겉뜨기 4단

42단 (2코 모아뜨기, 겉뜨기4)x6 (30코)

43단 겉뜨기

44단 (2코 모아뜨기, 겉뜨기3)x6 (24코)

45단 겉뜨기

46단 (2코 모아뜨기, 겉뜨기2)x6 (18코)

47~48단 겉뜨기 2단

49단 겉뜨기1, 늘리기, 겉뜨기3, 늘리기, 겉뜨기2, 늘리기2, 겉뜨기2, 늘리기, 겉뜨기3, 늘리기, 겉뜨기1 (24코)

50단 겉뜨기

51단 겉뜨기2, 늘리기, 겉듯기3, 늘리기, 겉뜨기4, 늘리기2, 겉뜨기4, 늘리기, 겉뜨기3, 늘리기, 겉뜨기2 (30코)

52~53단 겉뜨기 2단

54단 겉뜨기3, 늘리기, 겉뜨기3, 늘리기, 겉뜨기6, 늘리기2, 겉뜨기6, 늘리기, 겉뜨기3, 늘리기, 겉뜨기3 (36코)

55~56단 겉뜨기 2단

57단 겉뜨기4, 늘리기, 겉뜨기3, 늘리기, 겉뜨기8, 늘리기2, 겉뜨기8, 늘리기, 겉뜨기3, 늘리기, 겉뜨기4 (42코)

58~61단 겉뜨기 4단

62단 겉뜨기5, 늘리기, 겉뜨기3, 늘리기, 겉뜨기10, 늘리기2, 겉뜨기10, 늘리기, 겉뜨기3, 늘리기, 겉뜨기5 (48코)

63~72단 겉뜨기 10단

73단 겉뜨기5, 2코 모아뜨기, 겉뜨기3, 2코 모아뜨기, 겉뜨기10, 2코 모아뜨기

스피드나 다람쥐에게 먹이 주는 걸 좋아하는 분에게는 제가 최고의 선물이죠!

63

Ⓐ 꼬리를 위로 접은 다음 몸통의 네 번째 늘린 단에 메리야스 잇기로 연결하세요.

Ⓑ 몸통에 꼬리를 연결할 때, 돗바늘을 꼬리 밖으로 완전히 뺐다가 넣어 바느질하세요.

x2번, 겉뜨기10, 2코 모아뜨기, 겉뜨기3, 2코 모아뜨기, 겉뜨기5 (42코)

74〜77단 겉뜨기 4단

78단 겉뜨기4, 2코 모아뜨기, 겉뜨기3, 2코 모아뜨기, 겉뜨기8, 2코 모아뜨기x2번, 겉뜨기8, 2코 모아뜨기, 겉뜨기3, 2코 모아뜨기, 겉뜨기4 (36코)

79〜80단 겉뜨기 2단

81단 겉뜨기3, 2코 모아뜨기, 겉뜨기3, 2코 모아뜨기, 겉뜨기6, 2코 모아뜨기x2번, 겉뜨기6, 2코 모아뜨기, 겉뜨기3, 2코 모아뜨기, 겉뜨기3 (30코)

82〜83단 겉뜨기 2단

84단 겉뜨기2, 2코 모아뜨기, 겉뜨기3, 2코 모아뜨기, 겉뜨기4, 2코 모아뜨기x2번, 겉뜨기4, 2코 모아뜨기, 겉뜨기3, 2코 모아뜨기, 겉뜨기2 (24코)

85단 겉뜨기

솜을 채울 때 꼬리에 지나치게 많이 넣지 않도록 주의.

86단 겉뜨기1, 2코 모아뜨기, 겉뜨기3, 2코 모아뜨기, 겉뜨기2, 2코 모아뜨기

x2번, 겉뜨기2, 2코 모아뜨기, 겉뜨기3, 2코 모아뜨기, 겉뜨기1 (18코)

87단 겉뜨기

88단 2코 모아뜨기, 겉뜨기3, 2코 모아뜨기x4번, 겉뜨기3, 2코 모아뜨기 (12코)

89단 2코 모아뜨기x6번 (6코)

줄인 마지막 단에서 약 10단 정도 올라간 곳에 10코 간격으로 눈을 달아주기

몸통에 솜을 더 넣어준 다음, 실을 자르고 돗바늘로 코를 통과시킨 후 바짝 잡아당겨서 마무리

귀(2개)

몸통 색상의 실로 3개의 바늘에 10코를 만들어서 원형뜨기

1〜5단 겉뜨기 5단

실을 자르고 돗바늘로 코를 통과시킨 후 바짝 잡아당겨서 마무리

바퀴(4개)

바퀴 색상의 실로 3개의 바늘에 8코를

만들어서 나눠 걸고 원형뜨기

1단 겉뜨기

2단 늘리기x8번 (16코)

3단 겉뜨기

4단 (늘리기, 겉뜨기1)x8번 (24코)

5〜7단 겉뜨기 3단

8단 (2코 모아뜨기, 겉뜨기1)x8번 (16코)

9단 겉뜨기

10단 2코 모아뜨기x8번 (8코)

11단 겉뜨기

솜을 넣은 다음 실을 자르고 돗바늘로 코를 통과시킨 후 바짝 잡아당겨서 마무리

마무리

몸통과 90도가 되도록 꼬리를 접어줍니다(사진 A 참조). 몸통에서 네 번째로 늘린 단에 꼬리를 접어 바느질하세요.

꼬리의 오른쪽부터 메리야스 잇기로 몸통과 연결합니다.(사진 B 참조)

꼬리 뒤쪽에서 바느질할 때는 세로로 땀을 만들어야 바느질 선이 보이지 않습니다.(사진 C 참조) 바늘땀이 풀리지 않게

C 돗바늘이 나온 코 바로 위의 단에 다시 바늘을 통과시켜야 꼬리 라인에 가려져 바느질 선이 보이지 않아요.

D 몸통에 꼬리를 고정해도 꼬리 뒤쪽에 바느질 선이 거의 보이지 않아요.

꼼꼼하게 하되 실을 너무 잡아당기면 꼬리가 울퉁불퉁해집니다. 대략 8땀 정도 뜨는 것이 좋고 꼬리가 제대로 고정될 수 있을 정도로만 바느질하면 됩니다.
꼬리 뒤쪽에 있는 바느질 선은 거의 보이지 않아요.(사진 D 참조)
눈에서 5단 정도 위에 메리야스 잇기로 귀를 달아줍니다.
4개의 바퀴에 검은색(밤색)의 실로 휠 모양을 스티치해주세요. 몸통 아래쪽에 4개의 바퀴를 정렬하고 메리야스 잇기로 고정합니다. 다람쥐를 뒤쪽으로 넘어뜨리면, 앞 바퀴가 들리면서 중심이 잡혀요.
검은색(밤색)의 실을 사용하여 가로로 코를 스티치 해주세요.
늘어져 있는 실을 정리합니다.

다양한
사물들

쉿, 여기 모인 친구들은 '마구잡이로 선택'된 게 아니라
'분야별 대표로 선출'된 거랍니다.

둥실둥실 비행물체 》

투덜이 소파 》

귀요미 공장 굴뚝 》

얌전이 마천루

미니 TV

둥실둥실 비행물체

조용히 지구에 내려온 비행물체는 우주 밖에서 들었던 새로운 '래그타임' 뮤직에 더 관심이 많아 보이네요.

기법 늘리기, 2코 모아뜨기, 페어 아일, 아이코드

도구 4.5~5.5mm 추천실(파란색/하늘색/검은색/노란색), 3.75mm 장갑바늘 1세트, 안전핀, 나사눈(12mm), 돗바늘, 솜

완성 샘플 Cascade 220(4번 미디엄 굵기/우스티드, 100% 울,

약 100g/201m) 8891(시안블루) 1볼, 9076(민트), 8555(블랙) 각 1볼 미만, 7827(골든로드) 90cm

완성 크기 높이 약 9cm, 폭 약 13cm

게이지 11코, 15단 (5cm×5cm 메리야스뜨기, 3.75mm 바늘)

파란색 실로 1개의 바늘에 4코 만들기

1단 (아이코드로 뜨기) 늘리기×4번 (8코)

3개의 바늘에 코를 나눠 걸고 원형뜨기

2단 늘리기×8번 (16코)

3~33단까지 홀수 단 겉뜨기

4단 (늘리기, 겉뜨기1)×8번 (24코)

6단 (늘리기, 겉뜨기2)×8번 (32코)

8단 (늘리기, 겉뜨기3)×8번 (40코)

10단 (늘리기, 겉뜨기4)×8번 (48코)

12단 (늘리기, 겉뜨기5)×8번 (56코)

14단 (늘리기, 겉뜨기6)×8번 (64코)

16단 (늘리기, 겉뜨기7)×8번 (72코)

18단 (늘리기, 겉뜨기8)×8번 (80코)

20단 (늘리기, 겉뜨기9)×8번 (88코)

22단 (늘리기, 겉뜨기10)×8번 (96코)

24단 겉뜨기

26단 (2코 모아뜨기, 겉뜨기10)×8번 (88코)

28단 (2코 모아뜨기, 겉뜨기9)×8번 (80코)

30단 (2코 모아뜨기, 겉뜨기8)×8번 (72코)

32단 (2코 모아뜨기, 겉뜨기7)×8번 (64코)

34단 (2코 모아뜨기, 겉뜨기6)×8번 (56코)

실을 자르고 하늘색 실로 바꾸기

35~41단 하늘색과 검정색 실로 배색표대로 작업 (p.70 참조)

파란색 실로 바꾸기

42단 (2코 모아뜨기, 겉뜨기6)×7번 (49코)

43~51단까지 홀수 단 겉뜨기

44단 (2코 모아뜨기, 겉뜨기5)×7번 (42코)

46단 (2코 모아뜨기, 겉뜨기4)×7번 (35코)

48단 (2코 모아뜨기, 겉뜨기3)×7번 (28코)

50단 (2코 모아뜨기, 겉뜨기2)×7번 (21코)

몸체에 솜을 넣어줄 때 바닥은 평평한 모양 유지.

몸체의 가장 넓은 부분에서 5단 위에 10코 간격으로 눈 달아주기

52단 (2코 모아뜨기, 겉뜨기1)×7번 (14코)

53단 2코 모아뜨기×7번 (7코)

몸체 윗부분에 솜을 더 채워준 다음, 실을 자르고 돗바늘로 코를 통과시킨 후 바짝 잡아당겨서 마무리

마무리

노란색 실과 돗바늘로 1번씩 스티치해서 외계인 눈을 만들어줍니다.

늘어져 있는 실을 정리해주세요.

외계인 배색도안

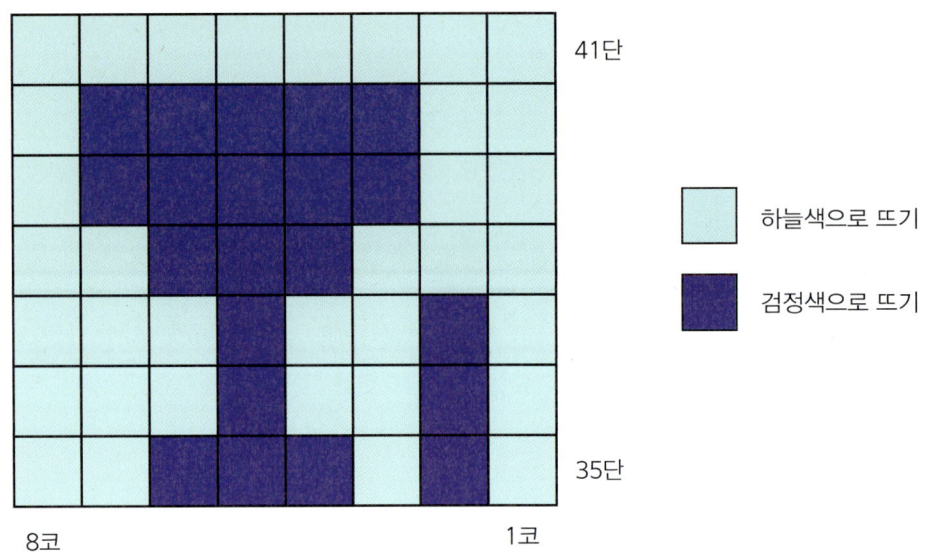

41단

35단

8코   1코

8코마다 반복

□ 하늘색으로 뜨기

■ 검정색으로 뜨기

투덜이 소파

이 구식 소파도 인기가 좋았던 시절이 있었겠죠?
다행히 이제는 여러분 차지가 되었네요!

기법 다른 색 실로 풀어내는 코 만들기, 늘리기, 페어 아일, 아이코드, 코줍기

도구 4.5~5.5.mm 추천실(초록색/오렌지색/검은색), 3.75mm 장갑바늘 1세트, 3.75mm 바늘 2개, 자투리실, 코바늘, 돗바늘, 카솜

완성 샘플 Cascade 220(4번 미디엄 굵기/우스티드, 100% 울, 약 100g/201m) 9461(라임 헤더) 2볼, 7826(캘리포니아 퍼피) 1볼, 8555(블랙) 90cm

완성 크기 가로 약 23cm, 세로 약 15cm, 높이 약 13cm

게이지 22코, 15단 (10cmx10cm 메리야스뜨기, 3.75mm 바늘)

NOTE 페어 아일로 배색해서 뜰 때와 단색으로 뜰 때의 게이지가 같은지 확인하세요. 필요하면 배색뜨기할 때 바늘의 크기를 조절하세요.

배색뜨기할 때는 코 수를 항상 8의 배수로 맞춰야 하지만, 단 수는 반드시 6의 배수로 끝나지 않아도 상관없어요. 표시되어 있는 단까지 도안대로 작업하면 됩니다.

밑판

자투리 실과 코바늘을 사용해서 장갑바늘에 풀어내는 코 38코 만든 후 평면뜨기
초록색 실로 겉뜨기로 시작해서 29단을 메리야스 뜨기합니다.

코 주워서 원형뜨기

편물을 뒤집어서 안뜨기하는 대신에, 시계 방향으로 90도 돌린 후 두 번째 장갑바늘로 옆선을 따라 22코 코줍기. 처음에

코를 만든 자투리 실은 풀어 버리고 38코를 장갑바늘에 옮긴 후 겉뜨기
네 번째 장갑바늘로 남은 옆면에서 22코 코줍기.(사진 A 참조)
표시링을 끼우고 다섯 번째 바늘로 120코를 원형뜨기 1단
배색도안(74쪽)에 명시된 대로 노란색의 실을 같이 사용해서 6단을 배색뜨기
다음 단 초록색 실로 38코는 겉뜨기, 나머지 82코는 코막음하고 마지막 코는 첫 번째 코에 코막음. 그러면 오른쪽 바늘에는 1개의 코가 걸려 있고 왼쪽 바늘에는 37개의 코가 걸려 있는 상태
왼쪽바늘의 37코를 겉뜨기 하고 편물의 앞뒤 방향 돌려 평면뜨기
안뜨기로 시작해서 27단을 메리야스 뜨기
코막음

등판

초록색 실로 일자 바늘에 43코 만들기
안뜨기로 시작해서 '소파 등받이' 도안에 나와 있는 대로 1~56단 뜨기
코막음

옆판(2개)

초록색 실로 3개의 바늘에 56코를 만들어 나눠 걸고 표시링을 끼운 다음 원형뜨기
13단을 배색도안을 따라 페어 아일로 배색하여 뜬 후 초록색 실로 코막음

바닥쿠션(2개)

초록색 실로 3개의 바늘에 40코를 만들어 나눠 걸고 표시링을 끼운 다음 원형뜨기
25단을 배색도안(74쪽)을 참고하여 페어 아일로 배색해서 뜨고 나서 초록색 실

72

Ⓐ 29단을 뜨고 나면 옆면에서 코를 주워 페어 아일에 필요한 색상의 실로 원형뜨기를 시작합니다.

Ⓑ 밑판 덮개를 접어서 코막음한 부분과 끝 선을 맞춘 상태에서 옆면을 메리야스 잇기로 막아줍니다.

로 코막음

등쿠션(2개)

초록색 실로 3개의 바늘에 40코를 만들어 나눠 걸고 표시링을 끼운 다음 원형뜨기

페어 아일로 배색하여 6단 뜨기

다음 단 페어 아일 20코, 감아코 8코, 페어 아일 20코

10단을 페어 아일로 배색하여 더 뜨고 나서 초록색 실로 코막음

팔걸이(2개)

초록색 실로 1개의 바늘에 4코 만들기

1단 (아이코드로 뜨기) 늘리기x4번 (8코)

3개의 바늘에 코를 나눠 걸고 표시링을 끼운 다음 원형뜨기

2단 늘리기x8번 (16코)

3단 겉뜨기

4단 (늘리기, 겉뜨기1)x8번 (24코)

5단 겉뜨기

6~32단 페어 아일로 배색하여 27단 초록색 실로만 뜬다.

33단 (2코 모아뜨기, 겉뜨기1)x8번 (16코)

34단 겉뜨기

솜 넣기

35단 2코 모아뜨기x8번 (8코)

솜을 더 채운 다음 실을 자르고 돗바늘로 코를 통과시킨 후 바짝 잡아당겨서 마무리

마무리

밑판 덮개를 메리야스 잇기로 바느질할 때, 바느질이 끝나기 전에 너무 부해 보이지 않을 정도로만 솜을 좀더 넣어줍니다.(사진 B 참조)

바느질한 면이 소파의 맨 밑바닥이 되는 거예요.

등받이 조각을 반으로 접어서 메리야스 잇기로 바느질해주세요. 솜을 충분히 넣어주되 지나치게 많이 넣지 않도록 주의하세요.

등쿠션, 바닥쿠션, 옆판의 경우, 각각의 편물을 평평하게 펼친 상태에서 솜을 넣어가며 둘레를 바느질합니다.

검은색 실과 돗바늘로 눈을 스티치해주

세요. 각 쿠션의 중앙에서 2코씩 잡아 6번 정도 스티치해서 눈을 만들어주세요.

도표에 나와 있는 대로 조립해주세요.

바닥쿠션과 등쿠션은 고정시켜도 되고 분리되게 둬도 상관없습니다.

늘어져 있는 실을 정리해주세요.

배색도안

8코마다 반복

6

8   1

1

■ 초록색으로 겉뜨기

■ 오렌지색으로 겉뜨기

소파 조각

NOTE 팔걸이와 바닥은 솜을 넣고 바느질한 상태입니다.

- - - - - 바느질 선

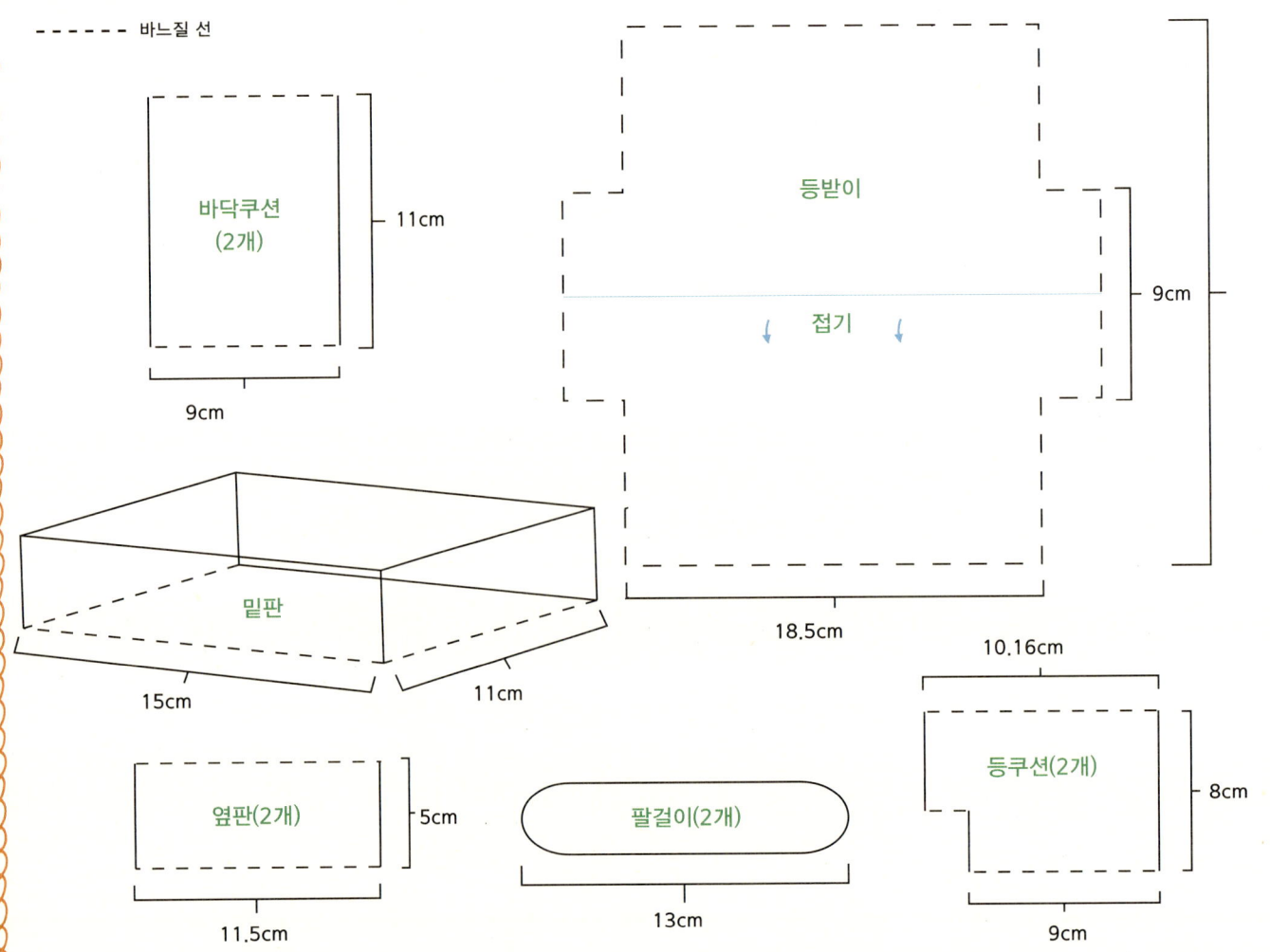

바닥쿠션
(2개)
11cm
9cm

등받이
접기
9cm
18.5cm

밑판
15cm   11cm

옆판(2개)
5cm
11.5cm

팔걸이(2개)
13cm

등쿠션(2개)
10.16cm
8cm
9cm

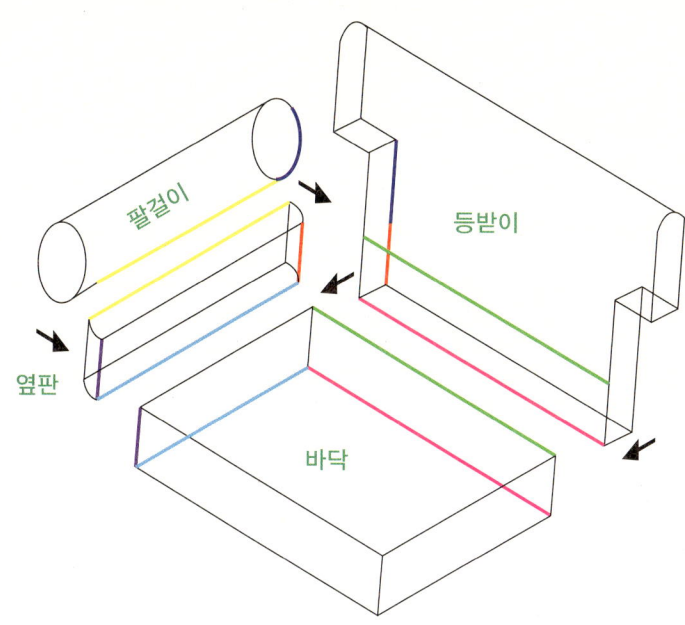

소파 조립

NOTE 오른쪽의 옆판과 팔걸이에 대해서만 설명한 것이므로 왼쪽의 옆판과 팔걸이는 마주보듯이 대칭으로 조립합니다.

다음을 참고하여 메리야스 잇기로 같은 색상의 부분을 연결하세요.

- 등받이 바닥+바닥의 밑부분
- 바닥의 맨 윗부분+등받이
- 옆판의 밑 옆선+바닥의 밑 옆선
- 옆판의 앞쪽 모서리+바닥의 앞쪽 모서리
- 옆판의 뒤쪽 모서리+등받이 뒤쪽 모서리
- 팔걸이+옆판의 위쪽 선 왼편
- 팔걸이의 뒤쪽 모서리+등받이 뒤쪽 모서리

소파 등받이

39단의 시작
초록색 실로
4코 코막음

38단의 시작
초록색 실로 4코 코막음

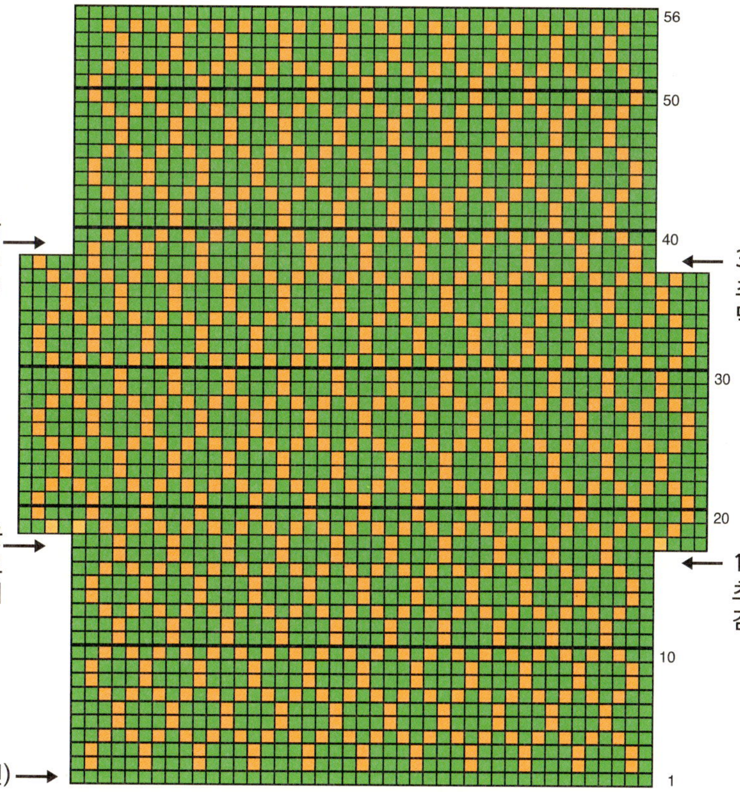

18단의 끝
초록색 실로
감아코 4코 만들기

17단의 끝
초록색 실로
감아코 4코 만들기

안뜨기(뒷면) →

56
50
40
30
20
10
1

초록색

오렌지색

미니 TV

이제는 이런 구닥다리 TV가 있는 집은 찾아볼 수 없지만 리모콘이 필요 없는 TV가 매력적이지 않나요? 무슨 프로그램을 볼까 고민하지 않아도 되고 말이죠!

기법 다른 색 실로 풀어내는 코 만들기, 인따르시아, 코줍기, 메리야스 잇기, 2코 모아뜨기, 바늘 비우기, 꼬아뜨기, 아이코드

도구 4.5~5.5.mm 추천실(몸통: 주황색/청록색, 화면: 트위드 회색, 다리/다이얼/안테나 고정대: 밤색/연회색, 안테나/전선/플러그: 검정색/연회색), 3.75mm 장갑바늘 1세트, 자투리 실, 코바늘, 나사눈(12mm), 돗바늘, 솜

완성 샘플 Cascade 220(4번 미디엄 굵기/우스티드, 100% 울, 약 100g/201m) 9542(블레이즈)나 9421(블루 하와이) 1볼, 9402(다크 그레이 & 미디엄 그레이 트위드) 1볼 미만, 8686(브라운)인 8509(그레이) 1볼 미만, 8555(블랙) 1볼 미만

완성 크기 높이 약 17cm(안테나 제외), 폭 약 13cm

게이지 22코, 15단 (10cmx10cm 메리야스뜨기, 3.75mm 바늘)

화면

코를 만들기 전에 나중에 사용할 수 있게 몸통색 실을 270cm 정도 따로 감아두기

몸통색(주황색, 청록색) 실과 코바늘로 1개의 바늘에 다른 색 실로 풀어내는 코 만들기로 26코를 만들기. 평면뜨기한다.

1-4단 겉뜨기로 시작해서 메리야스뜨기 4단 뜨기

5~22단은 아래 설명대로 화면색의 실을 함께 사용하여 인따르시아로 배색하여 뜬다.(78쪽 참조)

5단 몸통색 겉뜨기7, 화면색 겉뜨기15, 몸통색(따로 감은 실) 겉뜨기4

6단 몸통색(따로 감은 실) 안뜨기3, 화면색 안뜨기17, 몸통색 안뜨기6

7단 몸통색 겉뜨기6. 화면색 겉뜨기17. 몸통색(따로 감은실) 겉뜨기3

8~21단 6~7단을 반복하면서 뜬다. 겉

뜨기로 끝남

22단 몸통색 안뜨기4, 화면색 안뜨기15, 몸통색 안뜨기7

화면색 실과 감아놨던 몸통색 실은 놔두고 이제부터는 몸통색으로만 작업

23~27단 겉뜨기로 시작. 메리야스 뜨기 5단.

몸통

편물을 돌려서 안뜨기하는 대신에, 시계 방향으로 90도 회전시킨 다음 두 번째 바늘로 옆면에서 18코를 코줍기. 다른 색 실로 풀어내는 코 만들기 할 때 쓴 자투리 실은 풀어버리고 3번째 바늘에 26코를 옮겨 걸고 겉뜨기. 네 번째 바늘로 나머지 면의 18코를 코줍기(사진 B 참조) 표시링을 끼우고 88코를 원형뜨기

첫 번째 단 겉뜨기26, 꼬아뜨기18, 겉뜨

기26, 꼬아뜨기18(*꼬아뜨기: 코의 뒷고리를 뜬다)

겉뜨기로 23단 뜨기

다음 단 겉뜨기26, 마지막 코까지 코막음, 마지막 코는 첫 번째에 덮어 씌우기. 오른쪽 바늘에는 1개의 코가 걸려 있고 왼쪽 바늘에는 25개의 코가 걸려 있는 상태임

단의 끝까지 겉뜨기

> **TV 없으면 못 사는 분한테는 제가 꼭 필요하겠죠?**

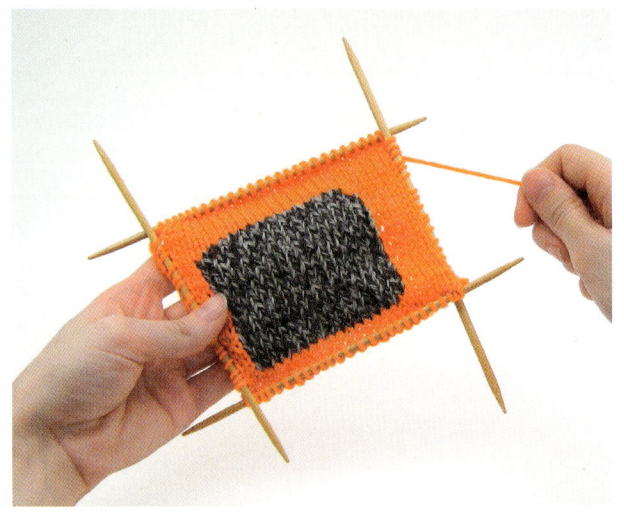

A 사진 오른쪽 몸통의 좁은 부분은 미리 감아둔 실을 새로 연결해서 뜹니다. 몸통색과 화면색이 만나는 부분에서는 두 실을 꼬아준 후에 뜹니다.(인따르시아 배색)

B 화면을 다 뜨고 나면 나머지 3면에서 코를 주워서 원형뜨기하세요.

편물의 앞뒤를 돌려준 다음 안뜨기로 시작해서 메리야스 뜨기로 25단 뜨기
코막음
코막음한 면끼리 마주 보도록 반으로 접어서 메리야스 잇기로 3면을 바느질(사진 C 참조)
3면의 바느질이 끝나기 전에 솜을 충분히 넣기. 화면 중앙에 7코 간격으로 눈 달기

다이얼(2개)
바느질할 수 있을 정도로 실꼬리를 길게 남긴 상태에서, 3개의 바늘에 밤색(연회색) 실로 8코를 만들어서 원형뜨기
1단 (늘리기, 겉뜨기1)x4번 (12코)
2단 겉뜨기
3단 2코 모아뜨기x6번 (6코)
실을 자르고 돗바늘로 코를 통과시킨 후 바짝 잡아당겨서 마무리

다리(4개)
바느질할 수 있을 정도로 실꼬리를 길게 남긴 상태에서, 3개의 바늘에 밤색(연회색) 실로 20코를 만들어 원형뜨기
1~2단 겉뜨기 2단
3단 (2코 모아뜨기, 겉뜨기3)x4번 (16코)
4~5단 겉뜨기 2단
6단 (2코 모아뜨기, 겉뜨기2)x4번 (12코)
7~8단 겉뜨기 2단
9단 (2코 모아뜨기, 겉뜨기1)x4번 (8코)
실을 자르고 돗바늘로 코를 통과시킨 후 바짝 잡아당겨서 마무리

안테나 고정대
바느질할 수 있을 정도로 실꼬리를 길게 남긴 상태에서, 3개의 바늘에 밤색(연회색) 실로 30코를 만들어서 원형뜨기
1~2단 겉뜨기 2단
3단 (2코 모아뜨기, 겉뜨기3)x6번 (24코)
4단 겉뜨기
5단 2코 모아뜨기, 겉뜨기2, 2코 모아뜨기, 바늘 비우기(실을 앞으로), 2코 모아뜨기, (2코 모아뜨기, 겉뜨기2)x2번, 2코 모아뜨기, 바늘 비우기 (실을 앞으로), (2코 모아뜨기)x2번, 겉뜨기2 (18코)
6단 겉뜨기
7단 (2코 모아뜨기, 겉뜨기1)x6번 (12코)
8단 2코 모아뜨기x6번 (6코)
실을 자르고 돗바늘로 코를 통과시킨 후 바짝 잡아당겨서 마무리

안테나
검은색의 실로 바늘 1개에 5코를 만들어서 아이코드로 약 15cm 정도 뜨기. 실을 자르고 돗바늘로 코를 통과시킨 후 바짝 잡아당겨서 마무리

전선
검은색의 실로 TV 뒷면의 밑에서부터 약 10단 정도, 왼쪽에서부터 8코 정도 되는 곳에서 4코를 주워서 겉뜨기. 겉뜨기하는 코 사이사이에 걸려 있는 가로막대를

C TV의 뒷면을 접어서 끝 선을 맞춘 상태에서 메리야스 잇기로 바느질해주세요.

이용해서 코를 주워야 사이가 벌어지지 않습니다. 8cm 정도 될 때까지 아이코드로 뜨고 나서 다음과 같이 원형뜨기

1단 늘리기x4번, 3개의 바늘에 8코 나눠 걸기

2단 늘리기x8번 (16코)

3~5단 겉뜨기

솜 넣기

6단 2코 모아뜨기x8번 (8코)

실을 자르고 돗바늘로 코를 통과시킨 후 바짝 잡아당겨서 마무리

플러그의 코 모양은 1개의 바늘에 코를 2개 만들어서 아이코드로 4cm 정도 뜨기. 2개의 코가 플러그 끝에 나란히 놓이도록 고정

마무리

다이얼에 솜을 약간 넣어주고 스크린의 오른쪽에 메리야스 잇기로 달아줍니다. 안테나 고정대를 뜰 때 바늘 비우기로 인해 생긴 구멍에 안테나를 통과시키고 바

느질합니다(사이즈가 딱 맞을 거예요). 안테나 고정대에 솜을 약간 넣어주고 TV 윗부분 중앙에 메리야스 잇기로 고정해주세요.

다리에 솜을 단단히 넣고 TV 아래 네 군데 모서리에 메리야스 잇기로 바느질해서 달아줍니다.

늘어져 있는 실을 정리해주세요.

귀요미 공장 굴뚝

공해가 나쁘고 무서운 거라고 누가 그러던가요?

(그걸 모르는 사람이야 없겠지만요…)

기법 늘리기, 2코 모아뜨기, 메리야스 잇기

도구 4.5~5.5mm 추천실(몸통: 회색, 연기: 보라색/연두색/갈색, 입: 검은색), 4.0mm 장갑바늘 1세트, 나사눈(9mm) 4개, 돗바늘, 솜

완성 샘플 Cascade 220(4번 미디엄 굵기/우스티드, 100%

울, 약 100g/201m) 8509(그레이) 1볼, 7809(바이올렛), 9461(라임 헤더), 7821(시에나), 8555(블랙) 각 1볼 미만

완성 크기 높이 약 19cm

게이지 10코, 14단 (5cmx5cm 메리야스뜨기, 4.0mm 바늘)

몸통과 연기

회색 실로 1개의 바늘에 4코 만들기

1단 (아이코드로 뜨기) 늘리기x4번 (8코)

3개의 바늘에 코를 나눠 걸고 표시링을 끼운 다음 원형뜨기

2단 늘리기x8번 (16코)

3단 겉뜨기

4단 (늘리기, 겉뜨기1)x8번 (24코)

5단 겉뜨기

6단 (늘리기, 겉뜨기2)x8번 (32코)

7~28단 겉뜨기 22단

29단 (2코 모아뜨기, 겉뜨기6)x4번 (28코)

30~33단 겉뜨기 4단

34단 (2코 모아뜨기, 겉뜨기5)x4번 (24코)

35단 겉뜨기

솜 넣기

50cm 정도 실을 길게 남기고 자르기

연기색(보라색, 연두색, 갈색) 실로 바꾸기

36단 (2코 모아뜨기, 겉뜨기4)x4번 (20코)

37단 겉뜨기

38단 (2코 모아뜨기, 겉뜨기3)x4번 (16코)

39~42단 겉뜨기 4단

43단 겉뜨기1, 늘리기3, 겉뜨기1, 늘리기2, 겉뜨기2, 늘리기2, 겉뜨기1, 늘리기3, 겉뜨기1 (26코)

44~74단까지 짝수 단 겉뜨기

45단 겉뜨기, 늘리기2, 3코 남을 때까지 겉뜨기, 늘리기2, 겉뜨기1(30코)

47단 겉뜨기1, 늘리기, 2코 남을 때까지 겉뜨기, 늘리기, 겉뜨기1(32코)

49단 겉뜨기, (2코 모아뜨기)x3번, 겉뜨기4, (2코 모아뜨기)x2번, 겉뜨기2, (2코 모아뜨기)x2번, 겉뜨기4, (2코 모아뜨기)x3번, 겉뜨기1 (22코)

51단 겉뜨기1, 늘리기3, 2코 모아뜨기x3번, 겉뜨기2, 2코 모아뜨기x3번, 늘리기3, 겉뜨기1 (22코)

53단 겉뜨기1, 늘리기2, 겉뜨기5, 늘리기2, 겉뜨기2, 늘리기2, 겉뜨기5, 늘리기2, 겉뜨기1 (30코)

55단 겉뜨기1, 늘리기, 2코 남을 때까지 겉뜨기, 늘리기, 겉뜨기1 (32코)

57단 겉뜨기1, 늘리기, 2코 남을 때까지 겉뜨기, 늘리기, 겉뜨기1 (34코)

59단 겉뜨기1, (2코 모아뜨기)x3번, 겉뜨기5, (2코 모아뜨기)x2번, 겉뜨기2, (2코 모아뜨기)x2번, 겉뜨기5, (2코 모아뜨기)x3번, 겉뜨기1 (24코)

환경문제에 관심이 많은 분에게 저를 선물해보세요!

Ⓐ 연기 모양의 밑부분을 굴뚝 안에 접어 넣어야 배색이 바뀐 부분이 보이지 않아 굴뚝에서 바로 연기가 나오는 것처럼 보입니다.

Ⓑ 굴뚝 가장자리를 바느질할 때 겉뜨기한 코 사이사이에 세로로 바느질해야 티가 나지 않아요.

61단 겉뜨기1, 늘리기3, 겉뜨기1, (2코 모아뜨기)x3번, 겉뜨기2, (2코 모아뜨기)x3번, 겉뜨기1, 늘리기3, 겉뜨기1(24코)

63단 겉뜨기1, 늘리기2, 겉뜨기6, 늘리기2, 겉뜨기2, 늘리기2, 겉뜨기6, 늘리기2, 겉뜨기1 (32코)

65단 겉뜨기1, 늘리기, 2코 남을 때까지 겉뜨기, 늘리기, 겉뜨기1 (34코)

67단 65단과 동일 (36코)

69단 겉뜨기13, (2코 모아뜨기)x2번, 겉뜨기2, (2코 모아뜨기)x2번, 겉뜨기13(32코)

71단 겉뜨기1, 2코 모아뜨기, 겉뜨기8, (2코 모아뜨기)x2번, 겉뜨기2, (2코 모아뜨기)x2번, 겉뜨기8, 2코 모아뜨기, 겉뜨기1 (26코)

73단 겉뜨기1, 2코 모아뜨기, 겉뜨기5, (2코 모아뜨기)x2번, 겉뜨기2, (2코 모아뜨기)x2번, 겉뜨기5, 2코 모아뜨기, 겉뜨기1 (20코)

74단까지 뜨고 나서, 원형뜨기의 시작 코가 오른쪽에 오도록 평평하게 펴주기
보이는 면이 인형의 앞면. 앞면을 표시해주고, 위쪽이 아래로 오게 뒤집은 상태에서 굴뚝에 눈을 달아주는데 마지막으로 늘리기 한 단에서 13단 위에 5코 간격으로 달기
다른 부분에도 솜을 충분히 넣어주고 연기 모양의 위쪽에도 4코 간격을 두고 눈 달기
다음과 같이 뜬다.

75단 겉뜨기1, (2코 모아뜨기)x4번, 겉뜨기2, (2코 모아뜨기)x4번, 겉뜨기1 (12코)

76단 2코 모아뜨기x6번 (6코)
제일 위쪽에 솜을 더 넣어준 다음, 실을 실을 자르고 돗바늘로 코를 통과시킨 후 바짝 잡아당겨서 마무리

팔(2개)

바느질할 수 있을 정도로 실꼬리를 길게 남긴 상태에서, 회색 실로 3개의 바늘에 6코를 만들어서 원형뜨기

1단 겉뜨기1, 늘리기2, 겉뜨기1, 늘리기2(10코)

2~7단 겉뜨기 6단
솜 넣어주기

8단 겉뜨기1, (2코 모아뜨기)x2번, 겉뜨기1 , (2코 모아뜨기)x2번 (6코)
실을 자르고 돗바늘로 코를 통과시킨 후 바짝 잡아당겨서 마무리

발(2개)

바느질할 수 있을 정도로 실꼬리를 길게 남긴 상태에서, 회색 실로 3개의 바늘에 6코를 만들어서 원형뜨기

1단 늘리기x6번 (12코)

2단 겉뜨기

3단 겉뜨기4, 늘리기4, 겉뜨기4 (16코)

C 몸통 아래 모서리 쪽에 발 끝이 바깥으로 향하도록 비스듬
하게 달아주세요.

4~9단 겉뜨기 6단
10단 겉뜨기4, (2코 모아뜨기)x4번, 겉
뜨기4 (12코)
솜 넣기
11단 (2코 모아뜨기)x6번 (6코)
실을 자르고 돗바늘로 코를 통과시킨 후
바짝 잡아당겨서 마무리

마무리

연기의 아랫부분은 굴뚝 속에 넣고 굴뚝
의 윗부분은 접어서 세워줘야 인형을 앞
에서 봤을 때 배색이 바뀐 부분이 보이지
않아요.(사진 A 참조)
배색을 바꿀 때 길게 남겼던 실을 이용
해서 연기와 굴뚝이 연결되는 굴뚝의 가
장자리 모양이 고정되도록 2줄 정도 바
느질합니다. 편물의 겉면을 따라서 세로
로 바느질해야 티가 나지 않아요.(사진 B
참조)
채워 넣은 솜을 잘 정리해줘야 연기의 모

양이 잘 잡힐 뿐 아니라 위로 올라가는 모
습으로 유지됩니다.
몸통 아래 모서리 쪽에 발 끝이 밖을 향
하도록 메리야스 잇기로 비스듬히 달아
주세요.(사진 C 참조)
몸통 양 옆에 팔이 아래로 향하도록 메리
야스 잇기로 달아주세요.
검은색 실로 입 모양을 박음질해줍니다.
늘어져 있는 실을 정리해주세요.

얌전이 마천루

시끄러운 도시 속에서 하늘까지 치솟아 있는 건물도 때로는
휴식이 필요하답니다.

기법 다른 색 실로 풀어내는 코만들기, 코줍기, 페어 아일, 메리야스 잇기

도구 4.5~5.5mm 추천실(빌딩: 진하늘색/보라색/진분홍색 창문: 노란색 바닥: 회색), 3.75mm 장갑바늘 1세트, 3.75mm 줄바늘 1개, 자투리실, 코바늘, 나사눈(9mm) 14개, 돗바늘, 솜

완성 샘플 Cascade 220(4번 미디엄 굵기/우스티드, 100% 울, 약 100g/201m) 9421(블루 하와이), 7808(퍼플 히야신스), 9469(핫핑크), 7827(골든로드), 8401(실버 그레이) 각 1볼씩

완성 크기 바닥: 길이 약 25cm, 폭 약 13cm, 건물: 길이 약 6~14cm(안테나 포함)

게이지 22코, 31단 (10cmx10cm 메리야스뜨기, 3.75mm 바늘)

NOTE 빌딩은 위쪽부터 뜹니다. 창문은 별도의 도안에 나와 있는 대로 보조 색상의 실로 떠서 창문의 위치나 불이 켜져 있는 것을 표시해줍니다. 원하는 경우 도안대로 뜨지 않고 보조 색상 대신 모형처럼 주요 색상으로 떠서 사진에 있는 인형처럼 창문의 위치를 없애거나 불이 꺼져 있는 것을 표시할 수도 있습니다.

바닥을 뜰 때는 줄바늘을 사용해서 매직 루프 기법(40쪽 참조)으로 하면 됩니다. 장갑바늘을 쓰는 것이 편하다면 3.75mm 바늘 세트를 사용해도 됩니다.

빌딩 1: 길쭉한 건물

코바늘과 자투리 실을 사용해서 1개의 바늘에 다른 색 실로 풀어내는 코 7코를 만들어 평면뜨기

원하는 빌딩 색상의 실로 겉뜨기로 시작해서 메리야스뜨기를 9단 뜨기.(86쪽 참조) 편물의 앞뒤를 돌려서 안뜨기 하는 대신에, 시계방향으로 90도 회전시킨 다음 다른 바늘로 옆 선에서 5코를 주워 올리기. 다른 색 실로 풀어내는 코를 만들 때 사용했던 자투리 실은 풀어버리고 세 번째 바늘에다 7코를 걸어서 겉뜨기. 네 번째 바늘로 나머지 옆 선에 있는 5코를 마저 주우면 바늘에 총 24코가 걸려 있는 상태 3개의 바늘에 코를 나눠 걸고 표시링을 끼운 후 원형뜨기

창문도안을 참고해서 원하는 만큼의 높이가 나올 때까지 반복

가장 아래쪽 창문까지 다 뜨고 나면 빌딩 색상으로 3단 더 떠주기

코막음하기

안테나(선택사항)

빌딩 색상의 실로 1개 바늘에 3코를 만들어서 아이코드로 뜨기

아이코드 6단을 뜨고 나서 실을 자르고 돗바늘로 코를 통과시킨 후 바짝 잡아당겨서 마무리합니다. 빌딩 꼭대기에 달아주기

빌딩 2: 펑퍼짐한 건물

코바늘과 자투리 실을 사용해서 1개의 바늘에 다른 색 실로 풀어내는 코만들기로 7코 만들어 평면뜨기

빌딩 색상의 (진분홍)실로 겉뜨기로 시작해서 메리야스뜨기 11단 뜨기

편물의 앞뒤를 돌려서 안뜨기를 하는 대신에, 시계방향으로 90도 회전시킨 후 다른 바늘로 옆 선에서 8코 주워 올리기. 다른 색 실로 풀어내는 코를 만들 때 사용했던 자투리 실을 풀어버리고 세 번째 바

메리야스 뜨기로 9단을 뜬 다음에 나머지 3면에서 코를 주워 원형뜨기합니다.

늘에 7코를 걸어서 겉뜨기하기. 네 번째 바늘로 나머지 옆 선에 있는 8코를 마저 주워서 겉뜨기하면 바늘에 총 30코가 걸려 있는 상태

3개의 바늘에 코를 나눠 걸고 표시링을 끼운 후 원형뜨기

창문 도안을 참고해서 원하는 만큼의 높이가 나올 때까지 반복

가장 아래쪽 창문까지 다 뜨고 나면 빌딩 색상(진분홍)으로 3단 더 뜨기

코막음하기

빌딩 3: 랜드마크 빌딩

빌딩 색상의 실로 1개의 바늘에 3코를 만들기

아이코드로 6단 뜨기

다음 단 (아이코드로 뜨기) 늘리기x3번 (6코)

6코를 3개의 바늘에 나눠 걸고 원형뜨기

1단 늘리기x6번 (12코)

표시링 끼우기

2단 (빌딩 색상 겉뜨기1, 창문 색상 겉뜨기1)x6번

3단 (빌딩 색상으로 작업) 늘리기, 겉뜨기4, 늘리기2, 겉뜨기4, 늘리기 (16코)

4단 (빌딩 색상 겉뜨기1, 창문 색상 겉뜨기1)x8번

5단 (빌딩 색상으로 작업) 늘리기, 겉뜨기6, 늘리기2, 겉뜨기6, 늘리기 (20코)

6단 (빌딩 색상 겉뜨기1, 창문 색상 겉뜨기1)x10번

7단 (빌딩 색상으로 작업) 늘리기, 겉뜨기8, 늘리기2, 겉뜨기8, 늘리기 (24코)

8단 (빌딩 색상 겉뜨기1, 창문 색상 겉뜨기1)x12번

9단 빌딩 색상으로 겉뜨기

창문 도안을 참고해서 원하는 만큼의 높이가 나올 때까지 반복

가장 아래쪽 창문까지 다 뜨고 나면 주요 색상으로 3단을 더 뜨기

코막음하기

바닥

회색실과 줄바늘을 사용해서 60코를 만들고 매직 루프 기법으로 원형뜨기

82단을 뜨고 코막음

마무리

바닥을 평평하게 펼쳐놓고 메리야스 잇기로 한쪽 끝을 바느질해주세요. 모양이 너무 부풀지 않게 솜을 적당히 넣어주고 다른 한쪽도 바느질합니다.

빌딩마다 눈을 달고 솜을 넣어줍니다.

메리야스 잇기로 빌딩을 바닥에 고정해줍니다. 바느질할 때 건물의 각 모서리에서는 90도로 꺾어서 바느질합니다. 빌딩의 위치는 도면을 참조하세요.

바닥에 점선으로 표시된 선은 노란색 실로 3코 간격으로 홈질하면 됩니다.

늘어져 있는 실을 정리해주세요.

창문도안

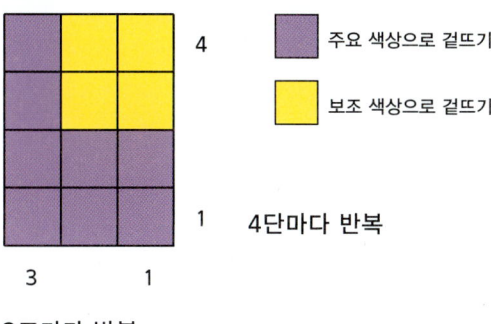

4

1

3　　　1

3코마다 반복

주요 색상으로 걸뜨기

보조 색상으로 걸뜨기

4단마다 반복

이 도안은 보조 색상으로 창문이 있거나 불이 켜져 있는 부분을 표시해 놓은 것입니다. 원하는 경우 도안대로 뜨지 않고, 보조 색상 대신 주요 색상의 실로 떠서 창문의 위치를 없애거나 불이 꺼져 있는 것으로 표현할 수도 있습니다.

빌딩 위치

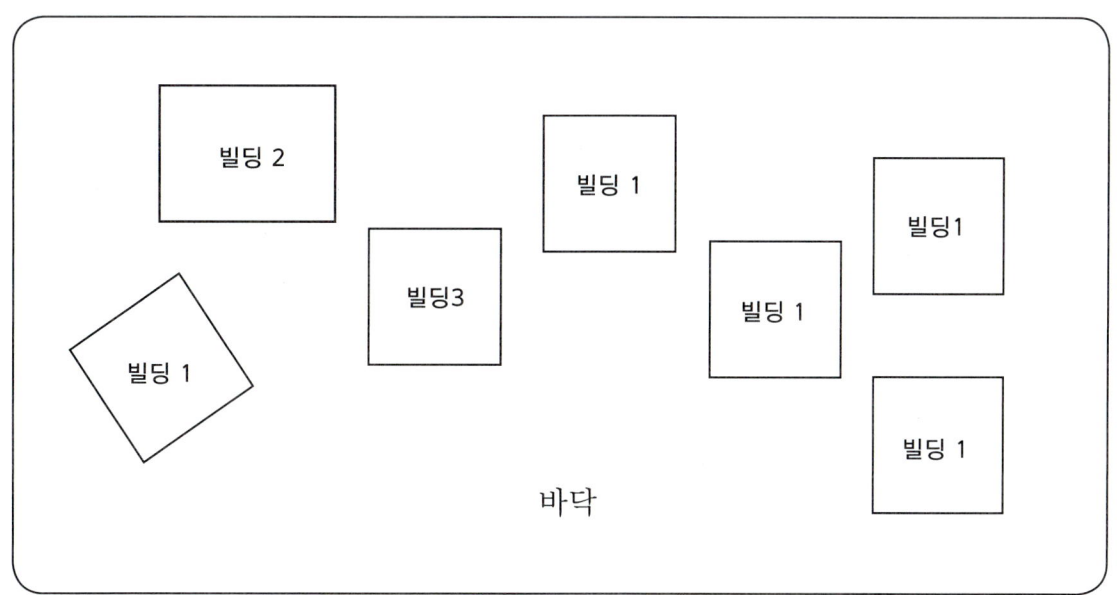

착용하는
인형들

착용감이 좋은 인형으로 유행의 첨단을 걸어보세요.
요즘 밀라노에서는 이런 인형이 어디서나 인기라네요.

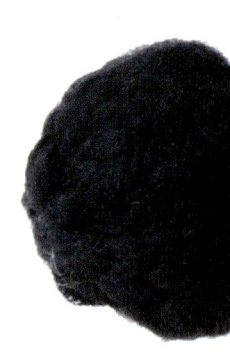

주머니 요정   》    대롱대롱 킁킁이   》    러브러브 머프   》    와구와구 슬리퍼

악마와 천사

주머니요정

열쇠나 지갑이 주머니에서 빠지지 않도록 지키는 게
저의 중차대한 임무!
주머니에 들어앉아서 편하게 세상구경을 하는 중이라는 사실은
비밀이에요!

기법 늘리기, 2코 모아뜨기, 3코 모아뜨기, 안2코 모아뜨기, 감아코 만들기, 메리야스 잇기, 아이코드

도구 4.5~5.5.mm 추천실(엄마요정: 하늘색 아기요정: 노란색, 눈: 검은색), 4.0mm 장갑바늘 1세트, 안전핀, 돗바늘, 솜

완성 샘플 Cascade 220(4번 미디엄 굵기/우스티드, 100% 울, 약 100g/201m) 8905(로빈 에그 블루) 1볼, 7827(골든로드) 1볼 미만, 8555(블랙) 90cm

완성 크기 엄마요정: 높이 약 13cm, 넓이 약 9cm, 아기요정: 높이 약 3cm

게이지 10코, 14단 (5cm×5cm 메리야스뜨기, 3.75mm 바늘)

NOTE 아기 요정이 너무 작아서 유아들에게는 안전사고를 유발하는 요인이 될 수 있습니다.

엄마 요정의 발
하늘색 실로 3개의 바늘에 6코를 만들어서 원형뜨기

1단 늘리기x6번 (12코)

2단 겉뜨기

3단 (늘리기, 겉뜨기4, 늘리기)x2번 (16코)

4~5단 겉뜨기 2단

실을 자르고 안전핀에 16코 걸어두기

1~5단까지 다시 한 번 반복해서 두 번째 발을 뜨고 이번에는 실을 자르지 않기

2개의 발 연결하기
겉뜨기로 8코를 뜨고, 감아코로 5코 만들기. 나머지 8코는 잠시 다른 바늘에 걸어두기. 안전핀에 걸려 있는 16코를 2개의 바늘에 나눠 걸고 겉뜨기로 16코 뜨기. 감아코로 5코를 만들고 두 번째 발에서 뜨지 않고 남겨두었던 8코를 이어서 겉뜨기 (42코)

3개의 바늘에 코를 나눠 걸고 표시링을 끼운 후 원형뜨기로 몸통뜨기

몸통

1~38단 겉뜨기 38단

39단 겉뜨기4, 코막음13, 겉뜨기7. 오른쪽 바늘에 8코가 걸려 있는 상태(방금 코막음하고 난 다음 부분). 21코(뜨지 않은 17코와 겉뜨기한 4코)를 잠시 다른 바늘에 잠시 걸어두기

40단 편물의 앞뒤를 돌려서 겉뜨기8 (지금까지는 안쪽면)

41~46단 안뜨기로 시작해서 메리야스뜨기 6단

47단 안뜨기1, (안2코 모아뜨기)x3번, 안뜨기1 (5코)

48단 겉뜨기1, 3코 모아뜨기, 겉뜨기1 (3코)

실을 자르고 돗바늘로 코를 통과시킨 후 바짝 잡아당겨서 마무리

지금 막 완성된 귀 바로 왼쪽에 있는 코에 다시 실 연결하기

49단 코막음13, 겉뜨기7. 바늘에 다시 8코가 걸려 있는 상태

40~48단까지 다시 반복해서 두 번째 귀 만들기

실을 자르고 돗바늘로 코를 통과시킨 후 바짝 잡아당겨서 마무리

주머니
하늘색 실로 4.0mm 바늘에 감아코로 8코를 만들고 나중에 바느질할 실을

Ⓐ 엄마 요정의 머리 윗부분을 바느질할 때, 귀를 안쪽으로 동그랗게 접어주세요.

Ⓑ 다리 사이의 바느질한 부분에서 7단 위에다가 주머니의 아랫단을 메리야스 잇기로 달아줍니다.

40cm 정도 남기기
겉뜨기로 시작해서 메리야스 뜨기 10단을 뜨고 코막음

팔(2개)
하늘색 실로 4.0mm 바늘 3개에 감아코 10코를 만들어서 나눠 걸고 원형뜨기
1~2단 겉뜨기
3단 늘리기, 겉뜨기4, 늘리기, 겉뜨기4 (12코)
4~7단 겉뜨기 4단
8단 늘리기, 겉뜨기5, 늘리기, 겉뜨기5 (14코)
9~12단 겉뜨기 4단
13단 (2코 모아뜨기)x7번 (7코)
실을 자르고 돗바늘로 코를 통과시킨 후 바짝 잡아당겨서 마무리

마무리
다리 사이의 벌어진 틈을 돗바늘을 사용해서 메리야스 잇기로 정리합니다. 조직

이 벌어지지 않고 평평한 모양이 유지될 정도로 몸통에 적당히 솜을 넣어주세요. 머리 위의 코막음한 면을 메리야스 잇기로 바느질해줍니다. 귀는 안쪽으로 살짝 접히도록 모양을 잡아서 바느질하세요.(사진 A 참조)
검은색 실과 돗바늘로 6코 간격을 두고 가로로 6번씩 스티치해서 눈을 만듭니다. 메리야스 잇기로 주머니의 아랫면(코 만들기 한 면)을 다리에서부터 7단 위인 몸통에 달아줍니다.(사진 B 참조)
주머니의 양 옆을 메리야스 잇기로 몸통에 바느질해주세요.(사진 C 참조)
팔에 솜을 넣어준 다음에 주머니 바로 위쪽 양 옆에다가 메리야스 잇기로 달아줍니다. 팔이 아래로 향하게 달아야 몸통에서 많이 멀어지지 않습니다.(사진 D 참조)
늘어져 있는 실을 정리해주세요.

아기 요정
노란색 실로 3개의 가는 바늘에 6코를 만들어서 원형뜨기
1단 늘리기x6번 (12코)
2~11단 겉뜨기 10단
12단 (2코 모아뜨기)x6번 (6코)
솜을 넣은 다음 실을 자르고 돗바늘로 코를 통과시킨 후 바짝 잡아당겨서 마무리
검은색 실과 돗바늘로 반 코를 잡아 가로로 스티치해서 눈 만들어주기
1개의 바늘에 2코를 만들어서 아이코드로 3cm가량 떠서 팔 만들기
눈 바로 아래쪽에 돗바늘을 여러 번 통과시켜서 구멍을 만들어 팔을 통과시키기
늘어져 있는 실 정리

C 주머니의 아랫면을 단 후에, 양 옆면을 메리야스 잇기로 바느질합니다.

D 팔이 아래로 향하게 달아주세요.

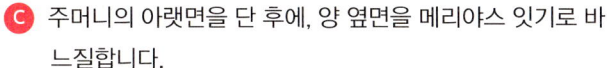

악마와 천사

자신이 겪고 있는 갈등을 이 녀석들로 표현해 보세요.
유혹에 빠지려는 당신을 누군가가 도와줄지도 모르니까요.

기법 늘리기, 2코 모아뜨기, 감아코 만들기, 메리야스 잇기, 아이코드

도구 4.5~5.5.mm 추천실(주요 색상: 천사 – 흰색, 악마 – 빨간색, 보조 색상: 천사 – 노란색, 악마 – 검은색), 4.0mm 장갑바늘 1세트 3.75mm 장갑바늘 1세트, 나사눈(9mm) 4개, 솜

완성 샘플 Cascade 220(4번 미디엄 굵기/우스티드, 100% 울, 약 100g/201m) 8505(화이트), 2413(레드) 각 1볼씩, 7827(골든로드), 8555(블랙) 각 1볼 미만

완성 크기 인형: 약 9cm, 어깨끈: 스몰(33~38cm), 미디엄(41~46cm), 라지(48~53cm)

게이지 10코, 14단 (5cm×5cm 메리야스뜨기, 4.0mm 바늘) 26코 (10cm, 2코 고무뜨기, 3.75mm 바늘), 〈살짝 잡아 당겨 늘리면 20코〉

몸통
(천사와 악마 동일)

4.0mm 바늘에 주요 색상의 실로 4코 만들기

1단 (아이코드로 뜨기) 늘리기x4 (8코)

3개의 바늘에 코를 나눠 걸고 표시링을 끼운 다음 원형뜨기

2단 늘리기x8번 (16코)

3~11단까지 홀수 단 겉뜨기

4단 (늘리기, 겉뜨기1)x8번 (24코)

6단 (늘리기, 겉뜨기2)x8번 (32코)

8단 (늘리기, 겉뜨기3)x8번 (40코)

10단 (늘리기, 겉뜨기4)x8번 (48코)

12단 (늘리기, 겉뜨기5)x8번 (56코)

13~18단 겉뜨기 6단

19단 (2코 모아뜨기, 겉뜨기6)x7번 (49코)

20~22단 겉뜨기 3단

23단 (2코 모아뜨기, 겉뜨기5)x7번 (42코)

24~26단 겉뜨기 3단

27단 (2코 모아뜨기, 겉뜨기4)x7번 (35코)

28~29단 겉뜨기 2단

30단 (2코 모아뜨기, 겉뜨기3)x7번 (28코)

31단 겉뜨기

32단 (2코 모아뜨기, 겉뜨기2)x7번 (21코)

33단 겉뜨기

솜 넣기

34단 (2코 모아뜨기, 겉뜨기1)x7번 (14코)

35단 (2코 모아뜨기)x7번 (7코)

몸통의 중간에서 약간 아래쪽에 8코 간격으로 눈 달기

머리 쪽에 솜을 약간 더 채워준 다음에 실을 자르고 돗바늘로 코를 통과시킨 후 바짝 잡아당겨서 마무리

팔과 다리

4.0mm 바늘과 주요 색상의 실로 4코를 주워서 겉뜨기, 코와 코 사이의 가로막대를 주워야 사이가 벌어지지 않음.(사진 A 참조)

팔은 눈 바로 아래에다가 4코 정도 바깥쪽으로 향하게 달아주기

발은 눈 아래 선, 몸통에서 마지막 두 번째로 늘린 단에다 달기.(사진 B 참조)

1~6단 아이코드로 겉뜨기 6단

7단 보조 색상의 실로 바꿔서 아이코드 1단

8단 늘리기x4번 (8코)

3개의 바늘에 8코를 나눠 걸고 원형뜨기 합니다.

9단 늘리기x8번 (16코)

10~12단 겉뜨기 3단

Ⓐ 팔을 뜰 때, 눈 바로 아래에서 4코 바깥쪽부터 시작해서 4
코를 주워 겉뜨기하세요.

Ⓑ 몸통에서 늘리기 한 단 중에서 끝에서 두 번째 단에서 4코
를 주워서 발을 뜨세요.

13단 2코 모아뜨기x8번 (8코)
솜을 넣은 다음에 실을 자르고 돗바늘 마
무리

악마의 뿔/천사의 날개

4.0mm 바늘 3개에 주요 색상의 실로 6
코를 만들어 나눠 걸고 원형뜨기

1단 늘리기x6번 (12코)

2~3단 겉뜨기 2단

4단 2코 모아뜨기, 2코 남을 때까지 겉뜨
기, 2코 모아뜨기 (10코)

5~6단 4단과 동일 (6코)

7단 겉뜨기

솜을 넣지 않은 상태에서 실을 자르고 돗
바늘로 코를 통과시킨 후 바짝 잡아당겨
서 마무리

악마의 꼬리

주요 색상의 실과 4.0mm 바늘로 몸통 바
깥 쪽에서 4코 줍기

팔과 다리를 뜬 것과 동일하게 작업하되

13단 후에 2단을 더 뜨고 마무리

천사의 후광

보조 색상의 실로 4.0mm 바늘 3개에 40
코를 만들어서 나눠 걸고 원형뜨기
겉뜨기 4단을 하고 코막음

어깨끈

스몰(미디엄, 라지) 사이즈
보조 색상의 실로 3.75mm 바늘 1개에 8
코를 만들어서 평면뜨기

1단 안뜨기

2단 늘리기2, 겉뜨기4, 늘리기2 (12코)

3단 안뜨기

4단 2단과 동일 (16코)

편물의 앞뒤를 돌려서 안뜨기하는 대신
에, 감아코로 62(70, 78)코 만들기
실이 꼬이지 않게 조심하면서 16코의 첫
번째 코에 연결하기. 이 연결된 부분이 원
형뜨기의 시작코 (78, 86, 94코)

5~11단 겉뜨기16, 2코 남을 때까지 (겉

뜨기2, 안뜨기2), 겉뜨기2

12단 겉뜨기16, 느슨하게 코막음 61코
(69코, 77코), 다음 단을 시작하기 전에
오른쪽 바늘에 1코가 남아 있는 상태
1개의 바늘에 걸려 있는 나머지 코를 평
면뜨기

13단 2코 모아뜨기, 앞 단의 마지막 코로
덮어 씌워서 코막음, 2코 모아뜨기, 겉뜨
기8, (2코 모아뜨기)x2번 (12코)

14단 안뜨기

15단 (2코 모아뜨기)x2번, 겉뜨기4, (2코
모아뜨기)x2번 (8코)

16단 안뜨기
코막음

마무리

악마의 뿔은 뾰족한 부분이 위로 향하도
록 몸통에 연결합니다. 천사 몸통에는 날
개 끝이 약간 아래로 향하게 달아주세요.
천사의 후광은 겉면이 밖으로 나오게 접
어서 코를 만든 면과 코막음한 면을 메리

C 몸통의 평평한 면과 어깨끈의 평평한 부분을 연결할 때는
   겉뜨기 면을 서로 맞대어서 박음질하세요.

야스 잇기로 바느질합니다. 머리 뒤쪽에
코를 살짝 집어서 고정합니다.
몸통을 어깨끈의 평평한 부분에 달아줄
때는 어깨끈의 안뜨기 면이 밖으로 보이
게 연결합니다.(사진 C 참조) 평평한 부분
을 동그랗게 박음질합니다.
늘어진 실을 정리해주세요.

대롱대롱 쿵쿵이

사랑스런 이 토끼 녀석을 보고 있으면 무장해제 된다고요?
하지만 조심하세요! 저 커다란 귀로 못 듣는 게 없거든요.

기법 늘리기, 2코 모아뜨기, 오른코 줄이기, 코줍기, 아이코드,
듀플리케이트 스티치
도구 4.5~5.5.mm 추천실(몸통: 회색, 귀안쪽/입: 분홍색),
3.75mm 장갑바늘 1세트, 안전핀, 나사눈(9mm) 2개, 돗바늘,
솜

완성 샘플 Cascade 220(4번 미디엄 굵기/우스티드, 100%
울, 약 100g/201m) 8509(그레이) 1볼, 9477(투투) 1볼 미만
완성 크기 몸통: 약 8cm, 귀: 약 16cm(아이코드 제외)
게이지 22코, 31단 (10cmx10cm 메리야스뜨기, 4.0mm 바늘)

NOTE 도안은 하나의 사이즈로 작성되어 있습니다. 길이를 다르게 하려면 원하는 만큼 아이코드의 길이를 변경하거나 목 뒤에서 아이코드를 묶을 때 조절하면 됩니다.

다리

회색 실로 3개의 바늘에 6코를 만들어서 원형뜨기
1단 늘리기x6번 (12코), 표시링 걸기
2~5단 겉뜨기 4단
실을 자르고 안전핀에 12코 걸어두기
1~5단을 반복해서 다리를 하나 더 만들고 이번에는 실을 자르지 않기
다리 이어주기
겉뜨기 6코를 하고 나머지 6코는 다른 바늘에 걸어두기. 첫 번째 다리를 뜨고 나서 안전핀에 걸어두었던 12코를 바늘로 옮겨서 겉뜨기하고 이어서 두 번째 다리의 나머지 6코도 겉뜨기. (24코)
3개의 바늘에 코를 나눠 걸고 표시링을 끼운 후 이제부터 원형뜨기로 몸통 뜨기

몸통

1단 늘리기, 겉뜨기3, 늘리기, 겉뜨기2, 늘리기, 겉뜨기3, 늘리기, 겉뜨기12 (28코)
2~6단까지 짝수 단 겉뜨기
3단 늘리기, 겉뜨기4, 늘리기, 겉뜨기4, 늘리기, 겉뜨기4, 늘리기, 겉뜨기12 (32코)
5단 늘리기, 겉뜨기5, 늘리기, 겉뜨기6, 늘리기, 겉뜨기5, 늘리기, 겉뜨기12 (36코)
7단 늘리기, 겉뜨기6, 늘리기, 겉뜨기8, 늘리기, 겉뜨기6, 늘리기, 겉뜨기12 (40코)
8~11단 겉뜨기 4단
12단 2코 모아뜨기, 겉뜨기6, 2코 모아뜨기, 겉뜨기8, 오른코 줄이기, 겉뜨기6, 오른코 줄이기, 겉뜨기12 (36코)
13~21단까지 홀수 단 겉뜨기
14단 2코 모아뜨기, 겉뜨기5, 2코 모아뜨기, 겉뜨기6, 오른코 줄이기, 겉뜨기5, 오른코 줄이기, 겉뜨기12 (32코)
16단 2코 모아뜨기, 겉뜨기4, 2코 모아

뜨기, 겉뜨기4, 오른코 줄이기, 겉뜨기4, 오른코 줄이기, 겉뜨기12 (28코)
18단 2코 모아뜨기, 겉뜨기3, 2코 모아뜨기, 겉뜨기2, 오른코 줄이기, 겉뜨기3, 오른코 줄이기, 겉뜨기12 (24코)
20단 (2코 모아뜨기, 겉뜨기2)x6번 (18코)
솜 넣기
22단 (2코 모아뜨기, 겉뜨기1)x6번 (12코)
23단 (2코 모아뜨기)x6번 (6코)
머리 위에서부터 9단쯤 되는 곳에 7코 간격으로 눈 달아주기
실을 자르고 돗바늘로 코를 통과시킨 후 바짝 잡아당겨서 마무리

팔(2개)

몸통의 위쪽이 아래로 향하게 거꾸로 들고 눈 아래쪽의 약간 바깥쪽에서 3코를 주워서 겉뜨기.(사진 A 참조)
1단(아이코드로 뜨기) 늘리기x3번 (6코)
3개의 바늘에 코를 나눠 걸고 원형뜨기
2~4단 겉뜨기

99

A 머리가 아래로 향하게 몸통을 뒤집은 상태에서 팔을 뜰 3코를 주워주세요.

B 왼쪽 귀를 뜰 때, 줄임 표시가 나는 솔기의 뒤쪽을 따라 10코를 주워서 겉뜨기하세요.

실을 자르고 (솜을 넣지 않은 상태에서) 돗바늘로 코를 통과시킨 후 바짝 잡아당겨서 마무리

왼쪽 귀(토끼의 왼쪽)

머리 왼쪽에 줄인 코의 솔기가 보이는데, 바로 뒤쪽으로 머리 정수리에서 3단 밑부터 10코를 주워서 겉뜨기.(사진 B 참조)

편물의 앞뒤 방향을 돌려서 솔기 앞쪽에서도 같은 식으로 10코 줍기.(사진 C 참조)

3개의 바늘에 20코를 나눠 걸고 표시링을 끼운 다음 원형뜨기

1~33단 겉뜨기 33단

34단 겉뜨기8, (2코 모아뜨기)x2번, 겉뜨기8 (18코)

35~38단 겉뜨기 4단

39단 겉뜨기7, (2코 모아뜨기)x2번, 겉뜨기7 (16코)

40~43단 겉뜨기 4단

44단 겉뜨기6, (2코 모아뜨기)x2번, 겉뜨기6 (14코)

45~48단 겉뜨기 4단

49단 겉뜨기5, (2코 모아뜨기)x2번, 겉뜨기5 (12코)

50~51단 겉뜨기

52단 (2코 모아뜨기)x6번 (6코)

1개의 바늘에 6코를 옮겨 걸고 아이코드로 뜨기

53단 겉뜨기1, (2코 모아뜨기)x2번, 겉뜨기1 (4코) 이 4코로 19cm가 될 때까지 혹은 원하는 길이만큼 아이코드로 뜨기

오른쪽 귀(토끼의 오른쪽)

머리 오른쪽에 줄인 코의 솔기가 보이는데 바로 뒤쪽으로 머리 정수리에서 3단 밑부터 10코를 주워서 겉뜨기합니다. 편물의 앞뒤 방향을 돌려 솔기 앞쪽에서도 같은 식으로 10코 줍기

3개의 바늘에 20코를 나눠 걸고 표시링을 끼운 다음 왼쪽 귀와 마찬가지로 33단을 원형뜨기

왼쪽귀의 34단부터 끝까지 같은 방법으로 뜨기

마무리

다리 사이에 벌어져 있는 틈은 몇 번의 스티치로 정리합니다.

분홍색 실과 돗바늘로 코를 수놓는데, 가로로 3코를 잡아서 한 번 스티치하고 가운데 모양을 잡아서 한 땀 떠주면 됩니다.(사진 D 참조)

분홍색 실로 듀플리케이스 스티치를 이용해서 귀 안쪽에 무늬를 넣어주세요.(사진 E 참조)

C 왼쪽 귀를 뜰 10코를 주운 다음에 편물의 방향을 돌려서 10코를 더 주워주세요.

D 분홍색 실을 사용하여 수평으로 수를 놓은 후 중심 부분에서 수놓은 실을 수직으로 집어 수놓는다.

E 듀플리케이트 스티치로 귀 안쪽에 무늬를 만들어주세요.

듀플리케이트 스티치 도안

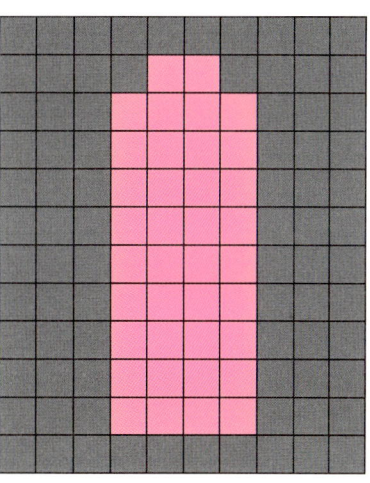

—— 귀 아래쪽

러브러브 머프

이 토시가 너무 예쁘고 따뜻해서 다른 사람과 함께 쓰고 싶은
마음이 들지도 몰라요. 잠시나마 체온을 나눌 수 있다면
얼마든지요!

기법 2코 모아뜨기, 늘리기, 메리야스 잇기

도구 4.5~5.5.mm 추천실(진분홍색/연분홍색), 5.5~8mm
추천실(연하늘색), 4.0mm 줄바늘 1개, 5.0mm 줄바늘 1개,
4.0mm 장갑바늘 1세트, 안전핀, 단추 2개(지름 2cm), 돗바늘,
자수실, 솜

완성 샘플 Cascade 220(4번 미디엄 굵기/우스티드, 100%
울, 약 100g/201m) 7082(체리), 9478(코튼 캔디) 각 1볼씩,
로완 빅 울(6번 수퍼벌키 굵기/울 100%, 약 100g, 80m) 021(
아이스블루) 2볼

완성 크기 폭 약 24cm

게이지 몸통: 10코, 14단 (5cmx5cm 메리야스뜨기, 4.0mm 바
늘, 미디엄 굵기 실)

안감: 14코, 18단 (10cmx10cm, 메리야스뜨기, 5.0mm
바늘, 수퍼청키 굵기 실)

NOTE 줄바늘을 이용해서 매직 루프 기
법으로 뜨지 않고 장갑바늘을 사용해서
떠도 무방합니다.

몸통

바느질할 수 있을 정도로 실꼬리를 길게
남겨놓고, 진분홍색 실로 4.0mm 바늘에
60코 만들기. 표시링을 끼우고 매직 루프
기법으로 원형뜨기

1단 (늘리기, 겉뜨기2)x20 (80코)

2단 겉뜨기

3단 (늘리기, 겉뜨기3)x20 (100코)

4~9단 겉뜨기 6단

줄무늬 배색 시작

연분홍색 실로 4단을 겉뜨기

진분홍색 실로 4단을 겉뜨기

4단마다 실의 색을 바꿔가면서 연분홍색
실로 뜬 단이 9개가 될 때까지 원형뜨기

진분홍색 실로 바꾸기

78~83단 겉뜨기 6단

84단 (2코 모아뜨기, 겉뜨기3) 끝까지
(80코)

85단 겉뜨기

86단 (2코 모아뜨기, 겉뜨기2) 끝까지(60
코)

87단 겉뜨기

바느질할 실을 길게 남기고 코막음

안감

연하늘색 실로 5.0mm 줄바늘에 50코를
만들어서 표시링을 끼운 다음 원형뜨기
몸통보다 1cm 작은 사이즈가 나올 때까
지 혹은 60단 정도 겉뜨기

발(4개)

진분홍색 실로 3개의 바늘에 36코를 만
들기. 표시링을 끼우고 원형뜨기

1단 (늘리기, 겉뜨기5)x6번 (42코)

2~8단 겉뜨기 7단

9단 (2코 모아뜨기, 겉뜨기5)x6번 (36코)

10~16단까지 짝수 단 겉뜨기

11단 (2코 모아뜨기, 겉뜨기4)x6번 (30
코)

13단 (2코 모아뜨기, 겉뜨기3)x6번 (24
코)

15단 (2코 모아뜨기, 겉뜨기2)x6번 (18
코)

17단 (2코 모아뜨기, 겉뜨기1)x6번 (12
코)

실을 자르고 돗바늘로 코를 통과시킨 후
바짝 잡아당겨서 마무리

Ⓐ 몸통을 뜰 때 길게 남겨둔 실꼬리를 이용해서 메리야스 잇기로 몸통과 안감을 연결합니다. 안감과 몸통의 코 수가 차이가 나므로 조절해가면서 바느질하세요.

Ⓑ 몸통 아래쪽에다 발을 붙여줄 때, 앞쪽의 발보다 뒤쪽 발의 사이를 더 넓게 달아주세요.

뿔(2개)

연분홍색 실로 3개의 바늘에 16코를 만들어서 원형뜨기

1~8단 겉뜨기 8단

9단 늘리기2, 겉뜨기4, 늘리기4, 겉뜨기4, 늘리기2 (24코)

10단 겉뜨기6, 12코 안전핀에 걸기, 겉뜨기6 (12코)

12코를 3개의 바늘에 나눠 걸고 원형뜨기

11단 늘리기, 겉뜨기3, (2코 모아뜨기)x2번, 겉뜨기3, 늘리기 (12코)

12~16단 겉뜨기 5단

17단 (2코 모아뜨기)x6번 (6코)

실을 자르고 돗바늘로 코를 통과시킨 후 바짝 잡아당겨서 마무리

안전핀에 걸어둔 12코를 3개의 바늘에 나눠서 걸고 마지막 코에 실을 다시 연결해서 원형뜨기

18단 겉뜨기

19단 2코 모아뜨기, 겉뜨기3, 늘리기2,

겉뜨기3, 2코 모아뜨기 (12코)

20~24단 겉뜨기 5단

25단 (2코 모아뜨기)x6번 (6코)

실을 자르고 돗바늘로 코를 통과시킨 후 바짝 잡아당겨서 마무리

마무리

몸통의 원형뜨기가 시작된 부분을 보면 실의 배색이 바뀌는 라인이 보이는데 이 부분이 몸통의 아래쪽입니다. 이 라인을 밑으로 놓고 몸통 앞쪽에 2개의 단추를 달아주세요. 스트라이프 5개의 간격을 두고 돗바늘로 바느질합니다.

안감의 겉뜨기 면이 몸통의 안뜨기 면과 마주 닿게 안감을 몸통 안으로 밀어 넣습니다. 몸통에 길게 남겨둔 실꼬리를 돗바늘에 꿰어서 메리야스 잇기로 몸통과 안감을 이어주세요. 안감과 몸통에 있는 코의 수가 동일하지 않다는 사실을 염두에 두고 바느질하세요.(사진 A 참조)

NOTE 안감의 안쪽 면에서, 돗바늘로 안뜨기 코 사이로 보이는 V자 모양의 코를 잡아 통과시킵니다.

몸통과 안감 사이에 솜을 약간 넣어주세요.(헐렁해 보이지 않으면서 손을 편하게 넣었다 뺐다 할 수 있어야 합니다) 반대쪽도 같은 방식으로 바느질합니다.

발에다 솜을 넣고 메리야스 잇기로 몸통에 달아주세요. 배색 라인을 기준으로 양쪽에 2개씩 달아주는데 한쪽에 있는 다리 사이의 간격이 더 넓어지게 달아줍니다.(사진 B 참조)

뿔에 솜을 넣어주고 몸통 위쪽에 눈보다 사이가 약간 더 넓게 달아줍니다. 늘어져 있는 실을 정리하세요.

와구와구 슬리퍼

입 속에 들어오는 건 무엇이든 먹어 치우는 동물들!
그래도 여러분의 발을 먹어버리는 것보다 따뜻하게 해주는 게
더 어른스런 행동이라는 걸 이미 알고 있네요!

기법 늘리기, 2코 모아뜨기, 3코 모아뜨기, 오른코 줄이기, 오른코 3코 모아뜨기, 코줍기, 메리야스 잇기

도구 4.5~5.5.mm 추천실(주요 색상: 라지 – 청록색, 미디엄 – 노란색, 스몰 – 보라색, 보조 색상: 바닥 – 분홍색, 이빨: 흰색, 눈: 검은색), 5.0mm 장갑바늘 1세트, 4.0mm 장갑바늘 1세트, 돗바늘, 솜

완성 샘플 Cascade 220(4번 미디엄 굵기/우스티드, 100% 울, 약 100g/201m) 9478(코튼 캔디) 2볼, 7808(퍼플 히야신스), 7827(골든로드), 7812(라군) 각 1볼씩, 8505(화이트)와 8555(블랙) 각 1볼 미만

완성 크기 스몰(18~20cm), 미디엄(22~24cm), 라지(25~28cm) 게이지 바닥/옆면: 16코, 33단 (10cmx10cm 가터뜨기, 5.0mm 바늘, 미디엄 굵기 실 2겹), 얼굴: 10코, 14단 (5cmx5cm 메리야스뜨기, 4.0mm 바늘)

NOTE 슬리퍼의 바닥과 옆면은 도안에 3개의 사이즈를 한꺼번에 표시해놓았지만, 얼굴 부분은 사이즈 별로 따로따로 적어놓았습니다. 이빨과 귀를 만드는 방법은 3가지 사이즈 모두 동일합니다.

바닥(스몰, 미디엄, 라지) 사이즈
분홍색의 실 2겹으로 5.0mm 바늘에 6(8, 10)코를 만들어서 평면뜨기합니다.
발뒤꿈치 부분
1단 겉뜨기1, 늘리기, 2코 남을 때까지 겉뜨기, 늘리기, 겉뜨기1 (8, 10, 12코)
2단 겉뜨기
1~2단을 2번 더 반복 (12, 14, 16코)
겉뜨기 16(22, 30)단
발 볼 부분
1단 겉뜨기1, 늘리기, 2코 남을 때까지 겉뜨기, 늘리기, 겉뜨기1 (14, 16, 18코)

겉뜨기 5단
위의 6단을 2번 더 반복
겉뜨기0(6, 10)단
발가락 부분
1단 겉뜨기1, 2코 모아뜨기, 3코 남을 때까지 겉뜨기, 오른 코 줄이기, 겉뜨기1 (16, 18, 20코)
겉뜨기 3단
위의 4단을 3번 더 반복 (10, 12, 14코)
다음 단 겉뜨기1, (2코 모아뜨기)x2, 5코 남을 때까지 겉뜨기, (오른 코 줄이기)x2번, 겉뜨기1 (6, 8, 10코)
겉뜨기 1단
코막음

옆면
주요 색상의 실을 6.5m 정도 따로 감아두고 주요 색상의 실 2겹과 5.0mm의 바

발이 피곤하시다고요?
제가
풀어드릴게요!

늘로 슬리퍼 바닥의 오른쪽 가장자리에서 16(20, 24)코 줍기. 이때 가장 넓은 부분의 가운데에서 코줍기를 시작하세요. 두 번째 바늘로 뒤꿈치에서 6(8, 10)코줍기. 세 번째 바늘로 신발 바닥의 왼쪽 면에서 16(20, 24)코를 주울 때 마지막 코의 위치가 처음 주운 코의 맞은 편에 놓임.(사진 A 참조)
바늘에 코를 나눠 걸 때는 되도록 코 수를 고르게 나눠야 뜨개질하기가 수월
네 번째 바늘을 사용해서 안뜨기로 시작해서 메리야스 뜨기로 5단 뜨기

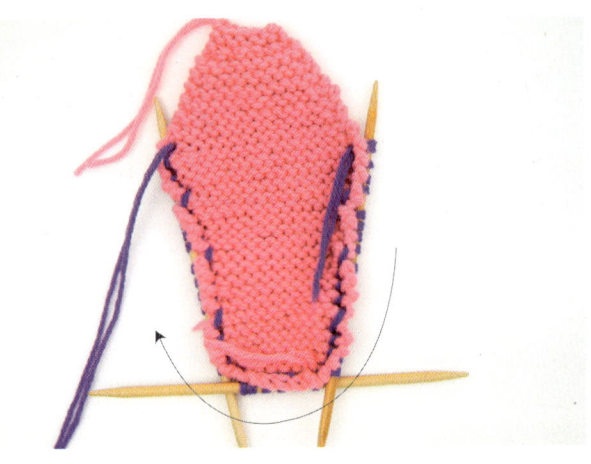

Ⓐ 보조 색상의 실로 발바닥을 뜬 후에, 주요 색상 실로 양 옆 과 뒤꿈치 쪽의 코를 주워요.

Ⓑ 메리야스 잇기로 얼굴 윗부분을 바느질해주세요.

다음 단 (겉뜨기1, 안뜨기1) 끝까지
위의 단을 1번 (1번, 2번) 더 반복하고 코 막음

스몰 사이즈 얼굴

주요 색상의 실 1겹으로 4.0mm 바늘 3 개에 52코를 만들고 표시링을 끼운 다음 원형뜨기

1~2단 겉뜨기 2단

3단 겉뜨기5, (늘리기, 겉뜨기2)x5, 늘리 기, 겉뜨기31 (58코)

4단 겉뜨기

5단 겉뜨기5, (늘리기, 겉뜨기3)x2번, 늘 리기, 겉뜨기4, (늘리기, 겉뜨기3)x2번, 늘리기, 겉뜨기31 (64코)

6~9단 겉뜨기 4단

10단 겉뜨기38, 오른쪽 바늘에 표시링 (a) 걸기, 겉뜨기26

11단 2코 모아뜨기, 표시링(a) 2코 전까 지 겉뜨기, 오른코 줄이기, 표시링(a) 왼 쪽 바늘에서 오른쪽 바늘로 넘기기, 겉뜨 기1, 2코 모아뜨기, 3코 남을 때까지 겉 뜨기, 오른코 줄이기, 겉뜨기1 (60코)

12~14단 겉뜨기 3단

위 11~14단까지 2번 더 반복 (52코)

23단 2코 모아뜨기, 표시링(a) 2코 전까 지 겉뜨기, 오른코 줄이기, 표시링(a) 넘 기기, 겉뜨기1, 2코 모아뜨기, 3코 남을 때까지 겉뜨기, 오른코 줄이기, 겉뜨기1 (48코)

24단 겉뜨기

25단 3코 모아뜨기, (겉뜨기3, 2코 모아 뜨기)x2번, 겉뜨기4, (오른코 줄이기, 겉 뜨기3)x2번, 오른코 3코 줄이기, 겉뜨기 1, 2코 모아뜨기, 겉뜨기12, 오른코 줄이 기, 겉뜨기1 (38코)

26단 겉뜨기

27단 3코 모아뜨기, 겉뜨기1, 2코 모아뜨 기, 겉뜨기2, 2코 모아뜨기, 겉뜨기2, 오 른코 줄이기, 겉뜨기2, 오른코 줄이기, 겉 뜨기1, 오른코 3코 모아뜨기, 겉뜨기1, 2 코 모아뜨기, 겉뜨기10, 오른코 줄이기, 겉뜨기1 (28코)

28단 겉뜨기

29단 (2코 모아뜨기)x2번, 겉뜨기6, (오 른코 줄이기)x2번, 겉뜨기1, (2코 모아뜨 기)x2번, 겉뜨기4, (오른코 줄이기)x2번, 겉뜨기1 (20코)

30단 겉뜨기

31단 (2코 모아뜨기, 겉뜨기3)x4번 (16코)

32단 (2코 모아뜨기, 겉뜨기2)x4번 (12코) 코막음

미디엄 사이즈 얼굴

주요 색상의 실 1겹으로 4.0mm 바늘 3 개에 60코를 만들어서 나눠 걸고 표시링 을 끼운 다음 원형뜨기

1~2단 겉뜨기 2단

3단 겉뜨기7, (늘리기, 겉뜨기2)x5번, 늘 리기, 겉뜨기37 (66코)

4단 겉뜨기

5단 겉뜨기7, (늘리기, 겉뜨기3)x2번, 늘 리기, 겉뜨기4, (늘리기, 겉뜨기3)x2, 늘 리기, 겉뜨기37 (72코)

6~13단 겉뜨기 8단

14단 겉뜨기42, 오른쪽 바늘에 표시링(a) 걸기, 겉뜨기30

15단 2코 모아뜨기, 표시링(a) 2코 전까 지 겉뜨기, 오른코 줄이기, 표시링(a)을 왼쪽 바늘에서 오른쪽 바늘로 넘기기, 겉 뜨기1, 2코 모아뜨기, 3코 남을 때까지 겉뜨기, 오른코 줄이기, 겉뜨기1 (68코)

Ⓒ 이빨에 솜을 조금 넣고 위치를 잡아 핀으로 고정한 후에 메리야스 잇기로 얼굴의 뒷면과 연결하세요.

Ⓓ 이빨을 달고 나면 바늘을 그대로 통과시켜서 메리야스 잇기로 얼굴의 나머지 부분을 바느질하세요.

16~18단 겉뜨기 3단

위 15~18단까지 2번 더 반복 (60코)

27단 2코 모아뜨기, 표시링(a) 2코 전까지 겉뜨기, 오른코 줄이기, 표시링(a) 넘기기, 겉뜨기1, 2코 모아뜨기, 3코 남을 때까지 겉뜨기, 오른코 줄이기, 겉뜨기1 (56코)

28단 겉뜨기

27~28단을 한 번 더 반복 (52코), 표시링(a) 제거

31단 2코 모아뜨기, (2코 모아뜨기, 겉뜨기3)x2번, 2코 모아뜨기, 겉뜨기4, (오른코 모아뜨기, 겉뜨기3)x2번, (오른코 줄이기)x2번, 겉뜨기1, 2코 모아뜨기, 3코 남을 때까지 겉뜨기, 오른코 줄이기, 겉뜨기 (42코)

32단 겉뜨기

33단 3코 모아뜨기, (겉뜨기2, 2코 모아뜨기)x2번, 겉뜨기2, (오른코 줄이기, 겉뜨기2)x2번, 오른코 3코 모아뜨기, 겉뜨기1, 2코 모아뜨기, 3코 남을 때까지 겉뜨기, 오른코 줄이기, 겉뜨기1 (32코)

34단 겉뜨기

35단 (2코 모아뜨기)x2번, 겉뜨기8, (오른코 줄이기)x2번, 겉뜨기1, (2코 모아뜨기)x2번, 겉뜨기6, (오른코 줄이기)x2번, 겉뜨기1 (24코)

36단 겉뜨기

37단 (2코 모아뜨기, 겉뜨기1)x끝까지 (16코)

38단 겉뜨기

코막음

라지 사이즈 얼굴

주요 색상의 실 1겹으로 4.0mm 바늘 3개에 68코를 만들어서 나눠 걸고 표시링을 끼운 다음 원형뜨기

1~2단 겉뜨기 2단

3단 겉뜨기7, (늘리기, 겉뜨기3)x2번, 늘리기, 겉뜨기2, 늘리기, (겉뜨기3, 늘리기)x2번, 겉뜨기41 (74코)

4단 겉뜨기

5단 겉뜨기7, (늘리기, 겉뜨기4)x5번, 늘리기, 겉뜨기41 (80코)

6~17단 겉뜨기 12단

18단 겉뜨기46, 오른쪽 바늘에 표시링(a) 걸기, 겉뜨기34,

19단 2코 모아뜨기, 표시링(a) 2코 전까지 겉뜨기, 오른코 줄이기, 표시링(a) 왼쪽 바늘에서 오른쪽 바늘로 넘기기, 겉뜨기1, 2코 모아뜨기, 3코 남을 때까지 겉뜨기, 오른코 줄이기, 겉뜨기1 (76코)

20~22단 겉뜨기 3단

위 19~22단까지 2번 더 반복 (68코)

31단 2코 모아뜨기, 표시링(a) 2코 전까지 겉뜨기, 오른코 줄이기, 표시링(a) 넘기기, 겉뜨기1, 2코 모아뜨기, 3코 남을 때까지 겉뜨기, 오른코 줄이기, 겉뜨기1 (64코)

32단 겉뜨기

31~32단을 2번 더 반복 (56코), 표시링(a) 제거

37단 3코 모아뜨기, 겉뜨기4, (2코 모아뜨기, 겉뜨기4)x2번, (오른코 줄이기, 겉뜨기4)x2번, 오른코 3코 모아뜨기, 겉뜨기1, 2코 모아뜨기, 3코 남을 때까지 겉뜨기, 오른코 줄이기, 겉뜨기1 (46코)

38단 겉뜨기

39단 3코 모아뜨기, 겉뜨기2, 2코 모아뜨기, 겉뜨기3, 2코 모아뜨기, 겉뜨기2, 오른코 줄이기, 겉뜨기3, 오른코 줄이기, 겉뜨기2, 오른코 3코 모아뜨기, 겉뜨기1, 2

Ⓔ 얼굴과 발바닥의 가장자리를 메리야스 잇기로 바느질하세요.

Ⓕ 얼굴과 발바닥의 바느질이 끝나면, 90도로 돌려서 발바닥의 옆면과 얼굴을 메리야스 잇기로 연결해주는데 얼굴 솔기의 바로 위에 있는 단에다 바느질하세요.

코 모아뜨기, 3코 남을 때까지 겉뜨기, 오른코 줄이기, 겉뜨기1 (36코)

40단 겉뜨기

41단 (2코 모아뜨기)x2번, 겉뜨기10, (오른코 줄이기)x2번, 겉뜨기1, (2코 모아뜨기)x2번, 겉뜨기8, (오른코 줄이기)x2번, 겉뜨기1 (28코)

42단 겉뜨기

43단 겉뜨기1, (2코 모아뜨기, 겉뜨기1)x4번, 겉뜨기2, (2코 모아뜨기, 겉뜨기1)x4번, 겉뜨기1 (20코)

44단 겉뜨기

코막음

이빨(스몰은 1개, 미디엄은 2개, 라지는 3개)

흰색 실로 4.0mm 바늘 3개에 14코를 만들어서 나눠 걸고 원형뜨기

1~8단 겉뜨기 8단

9단 (2코 모아뜨기)x7번 (7코)

실을 자르고 돗바늘로 코를 통과시킨 후 바짝 잡아당겨서 마무리

귀(2개)

주요 색상의 실로 바느질할 수 있을 정도로 실을 길게 남기고 4.0mm 바늘 3개에 9코를 만들어 나눠 걸고 원형뜨기

1단 늘리기x9 (18코)

2~7단 겉뜨기 6단

8단 2코 모아뜨기x9번 (9코)

실을 자르고 돗바늘로 코를 통과시킨 후 바짝 잡아당겨서 마무리

마무리

얼굴 부분을 평평하게 펴놓고 윗부분을 메리야스 잇기로 꿰맵니다.(사진 B 참조) 얼굴 부분에 솜을 살짝 넣어주세요. 이빨에도 솜을 넣고 얼굴 안쪽(3단과 5단의 늘리기 면)에 핀으로 고정합니다. 메리야스 잇기로 얼굴 아래쪽을 바느질합니다.(사진 C 참조)

이빨 고정한 부분에 오면 그대로 바늘을 통과시켜서 함께 바느질합니다. 얼굴의 남은 부분을 마저 바느질해주세요.(사진 D 참조)

발바닥 위에다가 얼굴을 올려놓은 상태에서 발가락 부분과 얼굴의 둥그런 부분을 맞대놓으면 얼굴 뒤편이 발바닥의 옆선과 몇 코 겹치게 됩니다. 얼굴과 발바닥을 메리야스 잇기로 연결하는데, 발바닥 쪽 2코와 얼굴 쪽 3코를 잇는 식으로 게이지에 따라 조절해가면서 세로로 바느질하세요.(사진 E 참조)

얼굴 윗부분이 끝나면 가로방향 메리야스 잇기로 남은 옆 코를 바느질 한 후에, 반대편도 동일하게 작업합니다.

얼굴과 발바닥 연결이 끝나면 편물을 90도 돌려서 메리야스 잇기로 얼굴의 옆면과 연결해주세요. 얼굴의 솔기 바로 위 단을 바느질해야 바느질 선이 보이지 않습니다.(사진 F 참조)

반대쪽 옆면도 얼굴하고 연결해주세요.

귀에 솜을 넣고 메리야스 잇기로 얼굴에 달아줍니다. 검은색 실로 1.5코를 가로로 7~10번 정도 스티치해서 눈을 만들어주세요.

슬리퍼를 일단 한 짝만 떠본 후에, 사이즈가 맞으면 늘어져있는 실을 정리하고 다른 한 쪽도 마저 뜹니다.

꼬마
인형들

동전 지갑에 쏙 들어갈 정도로, 랩탑에 올라앉을 정도로, 아니면
귀에 대롱대롱 매달릴 정도로 작은 인형으로 친구의 마음을 얻어
보세요.

나는야 콩돌이 » 초미니 산봉우리 » 햄스터 가족 » 몽당 연필

위풍당당 버섯

나는야 콩돌이

피부색은 달라도 우리는 하나,
위 아 더 월드!

기법 늘리기, 2코 모아뜨기, 아이코드

도구 1.5~2.25mm 추천실(피부: 밤색/분홍색/노란색, 바지: 연두색/하늘색/보라색, 머리카락: 노란색/갈색/분홍색, 눈: 검은색), 2.25mm 장갑바늘 1세트, 돗바늘, 솜

완성 샘플 KPM(koigu Premium Merino) (1번 레이스 굵기/ 수퍼 파인, 울 100%, 약 50g, 155m), 1150.5(핑크), 2395(브라운), 1200(옐로우), 2300(블루), 2351(그린), 2260(퍼플), 2400(블랙)

완성 크기 약 4cm

게이지 19코, 23단 (5cmx5cm , 메리야스뜨기)

NOTE 유아에게는 안전사고를 유발하는 요인이 될 수 있습니다.

몸통
(위에서부터 아래로)
피부색 실로 3개의 바늘에 6코를 만들어서 나눠 걸고 원형뜨기

1단 늘리기x6번 (12코)

2단 겉뜨기

3단 (늘리기, 겉뜨기1)x6번 (18코)

4~7단 겉뜨기 4단

바지색 실로 바꾸세요.

8~13단 겉뜨기 6단

솜 넣기

14단 (2코 모아뜨기, 겉뜨기1)x6번 (12코)

2개의 다리로 분리해서 뜨기
1개의 바늘로 겉뜨기 6코를 하고 나머지 6코는 나중에 뜰 수 있게 다른 바늘에 걸어두기

겉뜨기한 6코는 아이코드로 3단을 뜨고 실을 40cm 정도 남기고 자른 다음에 돗바늘로 코를 통과시킨 후 바짝 잡아당겨서 마무리

실꼬리를 다리로 통과시켜 다른 바늘에 있는 코에 걸어주기.(사진 A 참조)

겉뜨기 1단을 한 다음, 아이코드 3단을 뜨고 돗바늘로 코를 통과시킨 후 바짝 잡아당겨서 마무리

팔
피부색 실로 3코를 아이코드로 4cm 정도 혹은 14단 뜨기

몸통에서 배색이 바뀌는 부분에 돗바늘로 넓게 구멍을 낸 후에 몸통을 통과시켜 팔 끼워 넣기

마무리
돗바늘로 다리 사이에 벌어진 틈은 1~2땀 정도 바느질해서 마무리합니다.

검은색 실과 돗바늘을 사용해서 2땀 정도 가로로 스티치해서 눈을 만들어주세요.

머리카락 실을 돗바늘에 꿰어서 눈 바로 위에서부터 비스듬하게 스티치합니다. 머리가 다 덮일 때까지 스티치를 몇 번을 더 해주세요.(사진 B 참조)

늘어져 있는 실을 정리해주세요.

A 첫 번째 다리를 뜨고 나면 실을 자르고 다리를 통과해서 두 번째 다리가 시작되는 첫 번째 코에 걸어주세요.

B 색상 3의 실로 머리 위에 비스듬하게 머리카락 모양으로 바느질 해주세요.

우리가 마음에
안드는 분 있으면
나와보세요!

초미니 산봉우리

산행을 시작하려면 이 산봉우리들부터 넘어야죠!

기법 감아코, 2코 모아뜨기, 페어아일, 메리야스 잇기

도구 1.5~2.25mm 추천실(주요 색상: 보라색/파란색/분홍색, 보조 색상: 흰색, 눈: 검은색), 2.25mm 장갑바늘 1세트, 돗바늘, 솜

완성 샘플 KPM(koigu Premium Merino) (1번 레이스 굵기/수

퍼 파인, 울 100%, 약 50g, 155m), 2260(퍼플), p803(핑크), 2300(블루), 0000(화이트), 2400(블랙)

완성 크기 약 2.5cm

게이지 19코, 23단 (5cmx5cm, 메리야스뜨기)

NOTE 유아에게는 안전사고를 유발하는 요인이 될 수 있습니다.

주요 색상의 실로 바느질할 수 있을 정도로 실꼬리를 길게 남기고 느슨하게 감아코 20코 만들기. 3개의 바늘에 나눠 걸고 원형뜨기

1~6단 겉뜨기 6단

7단 (겉뜨기3, 2코 모아뜨기)x4번 (16코)

8~9단 겉뜨기 2단

보조 색상 실 연결

10단 (주요 색상 겉뜨기2, 보조 색상 겉뜨기2)x4번

보조 색상으로만 뜨기

11단 (겉뜨기2, 2코 모아뜨기)x4번 (12코)

12~14단 겉뜨기 3단

15단 2코 모아뜨기x6번 (6코)

실을 자르고 돗바늘로 코를 통과시킨 후 바짝 잡아당겨서 마무리

마무리

시작 단을 접어서 메리야스 잇기로 바느질합니다.

검은색 실과 돗바늘로 가로로 2번 스티치해서 눈을 만들어주세요.

늘어져 있는 실을 정리합니다.

산봉우리들을 받침대 없이 나란히 연결하려면, 앞뒤로 약간씩 겹쳐서 고정시키면 됩니다. 다른 봉우리들도 같은 방식으로 고정해주세요.

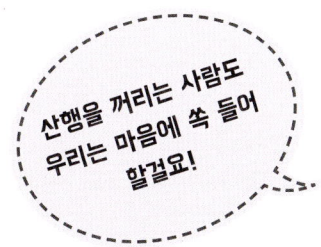

산행을 꺼리는 사람도 우리는 마음에 쏙 들어 할걸요!

위풍당당 버섯

화사한 이 버섯들은 쳐다보는 것만으로도 즐겁죠.
하지만 '곰팡이'라고 불리는 건 아주 싫어한답니다!

기법 늘리기, 2코 모아뜨기
도구 1.5~2.25mm 추천실(버섯줄기: 흰색, 버섯머리: 빨간색/노란색/연두색 잔디: 초록색, 눈: 검은색), 2.25mm 장갑바늘 1세트, 안전핀, 돗바늘, 솜
완성 샘플 KPM(koigu Premium Merino) (1번 레이스 굵기/

수퍼 파인, 울 100%, 약 50g, 155m), 0000(화이트), 2220(레드), 1200(엘로우), 2330(그린), 2351(그린), 2400(블랙)
완성 크기 약 5cm
게이지 19코, 23단 (5cmx5cm, 메리야스뜨기)

NOTE 유아에게는 안전사고를 유발하는 요인이 될 수 있습니다.

버섯
흰색 실로 3개의 바늘에 18코를 만들어서 원형뜨기
1~2단 겉뜨기 2단
작은 버섯 분리해서 뜨기
3단 겉뜨기3, 12코 안전핀에 걸어두기, 겉뜨기3 (6코)
3개의 바늘에 이 6코를 나눠 걸고 원형뜨기
4~6단 겉뜨기 3단
보조 색상의 실로 바꾸기
7단 늘리기x6번 (12코)
8단 (늘리기, 겉뜨기1)x6번 (18코)
9~10단 겉뜨기 2단
11단 (2코 모아뜨기, 겉뜨기4)x3번 (15코)
12단 겉뜨기
13단 (2코 모아뜨기, 겉뜨기3)x3번 (12코)

14단 2코 모아뜨기x6번 (6코)
작은 버섯의 머리에 솜 약간 넣기
실을 자르고 돗바늘로 코를 통과시킨 후 바짝 잡아당겨서 마무리
큰 버섯 뜨기
안전핀에 걸려 있는 12코를 3개의 바늘에 나눠 걸고 마지막 코에 주요 색상의 실을 다시 연결해서 원형뜨기
15~24단 겉뜨기 10단
버섯머리 색상의 실로 바꾸고 표시링 끼우기
25단 늘리기x12번 (24코)
26~40단까지 짝수 단 겉뜨기
27단 (늘리기, 겉뜨기1)x12번 (36코)
29단 (늘리기, 겉뜨기2)x12번 (48코)
31단 겉뜨기
33단 (2코 모아뜨기, 겉뜨기6)x6번 (42코)
35단 (2코 모아뜨기, 겉뜨기5)x6번 (36코)

곰팡이라고요?
농담이시죠?...
그런 말씀은 하지도 마세요!

돗바늘로 스티치의 길이를 달리하면서 버섯 밑부분에 잔디를
입혀주세요.

37단 (2코 모아뜨기, 겉뜨기4)x6번 (30코)

39단 (2코 모아뜨기, 겉뜨기3)x6번 (24코)

41단 (2코 모아뜨기, 겉뜨기2)x6번 (18코)

42단 (2코 모아뜨기, 겉뜨기1)x6번 (12코)
버섯 머리부분에 솜을 채우고 실을 자른
다음 돗바늘로 코를 통과시킨 후 바짝 잡
아당겨서 마무리

잔디

초록색 실로 바늘 1개에 4코 만들어 평
면뜨기

1단 늘리기x4번 (8코)

2~8단까지 짝수단 안뜨기

3단 겉뜨기1, 늘리기2, 겉뜨기2, 늘리기2,
겉뜨기1 (12코)

5단 겉뜨기

7단 겉뜨기1, (2코 모아뜨기)x2번, 겉뜨
기2, (2코 모아뜨기)x2번, 겉뜨기1 (8코)

9단 (2코 모아뜨기)x4번 (4코)
안뜨기로 코막음

마무리

큰 버섯의 밑에 뚫려 있는 쪽으로 줄기 부
분에 솜을 넣어줍니다.

두 버섯 사이에 벌어진 틈(작은 버섯을
분리해서 뜬 곳)은 바느질로 정리합니다.
잔디의 겉뜨기한 부분을 아래로 놓고 버
섯의 시작 단과 가장자리를 나란히 놓습
니다. 풀 모양으로 길이를 달리해 가면서
잔디와 버섯을 바느질해 주세요.(사진 참
조)

검정색 실과 돗바늘로 작은 버섯에는 1번,
큰 버섯에는 2번의 스티치로 눈을 만들
어줍니다.

늘어져 있는 실을 정리해주세요.

햄스터 가족

실제 햄스터 가족이 불어나는 속도보다 더 빠르게 만
들 수 있는 인형이랍니다!

기법 늘리기, 2코 모아뜨기, 아이코드

도구 1.5~2.25mm 추천실(갈색/회색/검정색), 2.25mm 장갑
바늘 1세트, 돗바늘, 솜

완성 샘플 KPM(koigu Premium Merino) (1번 레이스 굵기/

수퍼 파인, 울 100%, 약 50g, 155m), 2395(브라운), 2392(그
레이), 2400(블랙)

완성 크기 약 3cm

게이지 19코, 23단 (5cmx5cm, 메리야스뜨기)

NOTE 유아에게는 안전사고를 유발하는
요인이 될 수 있습니다.

몸통
(뒤에서부터 앞으로)
갈색(회색) 실로 3개의 바늘에 6코를 만
들어서 나눠 걸고 원형뜨기

1단 늘리기x6번 (12코)

2단 (늘리기, 겉뜨기2)x4번 (16코)

3단 겉뜨기

4단 (늘리기, 겉뜨기3)x4번 (20코)

5~9단 겉뜨기 5단

10단 (겉뜨기3, 2코 모아뜨기)x4번 (16코)

11~12단 겉뜨기

솜 넣기

13단 (겉뜨기2, 2코 모아뜨기)x4번 (12코)

14단 겉뜨기

15단 (2코 모아뜨기)x6번 (6코)

실을 자르고 돗바늘로 코를 통과시킨 후
바짝 잡아당겨서 마무리

귀와 꼬리
갈색(회색) 실을 50cm 정도 잘라서 돗
바늘로 몸통의 앞쪽으로 약 3cm 크기로
5~6번 정도 스티치하기.(사진 A 참조)
남은 실은 몸을 통과시켜 뒤로 빼내고, 4
코 간격을 두고 같은 방식으로 두 번째 귀
만들기. 몸통의 시작 단의 바로 위에 똑
같은 방식으로 꼬리 만들기

Ⓐ 돗바늘을 이용해서 3cm 정도 크기
로 스티치해서 귀를 만들어주세요.

귀여운 걸 좋아하는
친구한테 우리가
최고조!

Ⓑ 아이코드로 뜬 다리 조직을 몸통의 밑부분에서 앞뒤로 통과 시키세요.

Ⓒ 아이코드로 뜬 조직을 잡아당기면 앞발과 뒷발이 하나씩 생깁니다. 다른 쪽도 동일한 방식으로 2개의 발을 만들어 주세요.

다리(2개)

1개의 바늘에 2코를 만들어서 아이코드로 2.5cm 정도 뜨기. 몸통 아래쪽에서 앞뒤로 통과시켜 한쪽에 2개의 다리가 생기게 달아주기.(사진 B와 C 참조)
다른 쪽 다리도 같은 방식으로 만들기

마무리

검정색 실과 돗바늘을 사용해서 귀 바로 앞에 눈을 스티치합니다.
늘어져 있는 실을 정리해주세요.

몽당연필

이 연필만 있으면 따분할 틈이 없죠!

기법 늘리기, 2코 모아뜨기, 아이코드

도구 1.5~2.25mm 추천실(분홍색/회색/노란색/연황색/검은색), 2.25mm 장갑바늘 1세트, 돗바늘, 솜

완성 샘플 KPM(koigu Premium Merino) (1번 레이스 굵기/수퍼 파인, 울 100%, 약 50g, 155m), 1150.5(핑크), 2392(그레이), 1200(옐로우), 2360(탠), 2400(블랙)

완성 크기 약 3cm

게이지 19코, 23단 (5cmx5cm, 메리야스뜨기)

NOTE 유아에게는 안전사고를 유발하는 요인이 될 수 있습니다.

분홍색 실로 1개의 바늘에 4코를 만들기
1단 (아이코드로 뜨기) 늘리기x4번 (8코)
3개의 바늘에 코를 나눠 걸고 표시링을 끼운 후 원형뜨기
2단 늘리기x8번 (16코)
3~5단 겉뜨기 3단
회색 실로 바꾸기
6~8단 겉뜨기 3단
노란색 실로 바꾸기
9~22단 겉뜨기 14단
23단 (연황색 겉뜨기1, 노란색 겉뜨기1)
x끝까지
연황색 실로 바꾸기
24~25단 겉뜨기 2단
26단 (2코 모아뜨기, 겉뜨기2)x4번 (12코)
27단 겉뜨기
솜 넣기

28단 (2코 모아뜨기, 겉뜨기1)x4번 (8코)
29단 1개의 바늘에 코를 다 걸어준 다음
검은색으로 아이코드 뜨기
30단 (2코 모아뜨기)x4번 (4코)
31단 겉뜨기
실을 자르고 돗바늘로 코를 통과시킨 후
바짝 잡아당겨서 마무리

마무리

늘어져 있는 실을 정리해 주세요. 검은색 실로 2번 스티치해서 눈을 만들어줍니다.

글을 잘 쓰고
싶으시다고요?
제가 도와드리죠!

손뜨개 인형 디자인

손뜨개 인형을 몇 개 만들어 보고 나니, 여기에 나와 있는 것
보다 더 예쁜 인형을 만들 수 있을 것 같은 생각이 든다고
요? 그러면 실제로 만들어보세요!

1. 스케치하기

만들고 싶은 손뜨개 인형을 스케치하는 것부터 시작하세요.
2가지 다른 각도에서 바라본 모양을 스케치해놓는 것이 좋
아요. 그래야지 어떤 모양의 인형을 만들고 싶은지 명확히
알 수 있거든요. 이 책에 나와 있는 '가발 쓴 돼지'의 돼지 인
형을 예로 들어볼게요. 왜냐면 평소 제가 만드는 인형 디자
인 중에서 대표격이거든요.

2. 나누기

스케치한 그림을 가장 단순한 모양으로 나누어보세요. 관
모양, 동그란 모양, 납작한 모양의 조각들로 나눌 수 있어
요. 각이 진 형태로 연결되는 모양들(몸통에 달리는 다리
같은 경우)은 따로 떠야 하는 조각들입니다. 어떤 조각에
서 파생되는 조각의 모양(돼지의 코 같은 경우)은 하나로
뜰 수도 있어요.

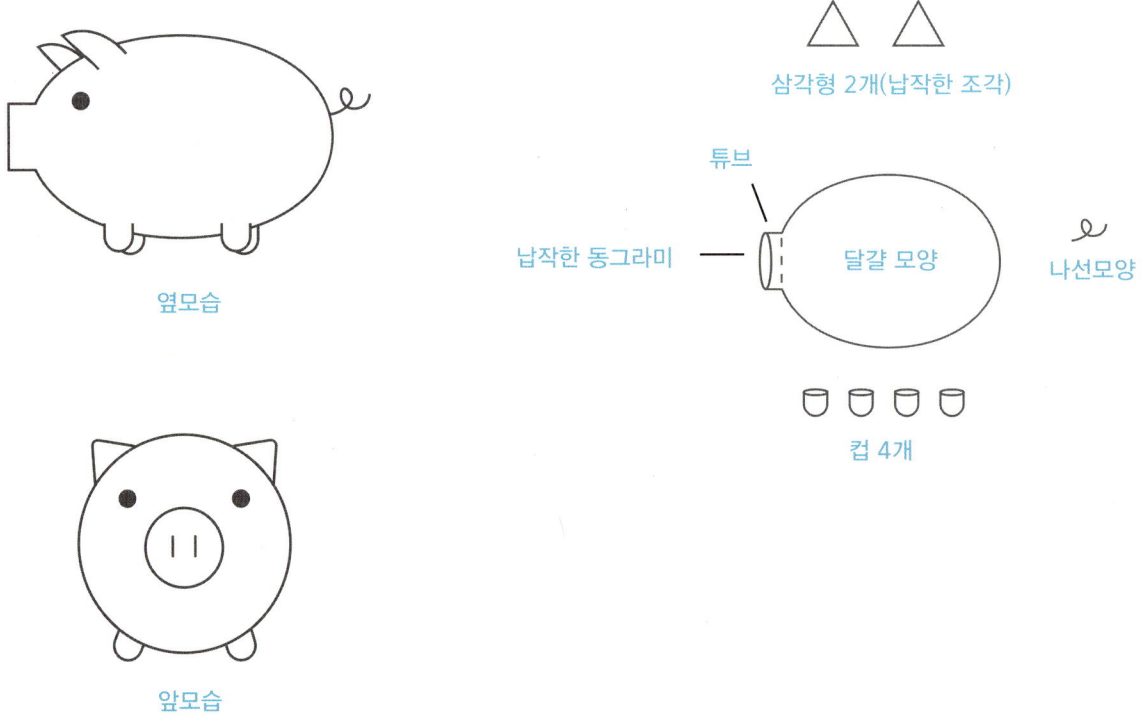

옆모습

앞모습

삼각형 2개(납작한 조각)

튜브

납작한 동그라미

달걀 모양

나선모양

컵 4개

3. 계획 세우기

무슨 조각을 뜰 것인지를 정하고 나면 어떻게 뜰 것인지 대략적인 계획을 세울 수 있어요. 늘어나는 형태보다 줄어드는 모양이 더 부드러워 보이기 때문에, 저는 인형을 뜰 때 뒤쪽이나 밑에서부터 시작(늘리기를 사용)해서 위쪽이나 앞쪽(줄이기를 사용)으로 뜬답니다.

  수직으로 다는 팔이나 다른 부속 조각들의 경우에는 몸통에 연결되는 부분부터 뜨기 시작해요. 인형에게 입체감을 주려면, 조직을 뜰 때 어떤 방식의 눌리기와 줄이기 기법을 사용할 것인지를 정해야 해요. 스케치한 인형 위에 선이나 '솔기'를 표시하는 것도 좋은 방법이에요.

  간단하게 돼지의 몸통을 가지고 한번 해보죠. 늘려놓은 '달걀' 모양 같은 돼지 몸통을 만들고 싶어서, 저는 매 단마다 6코를 늘리기 시작하다가 원하는 만큼의 돼지 크기가 나오면 줄이거나 늘이기 없이 몇 단을 뜹니다.

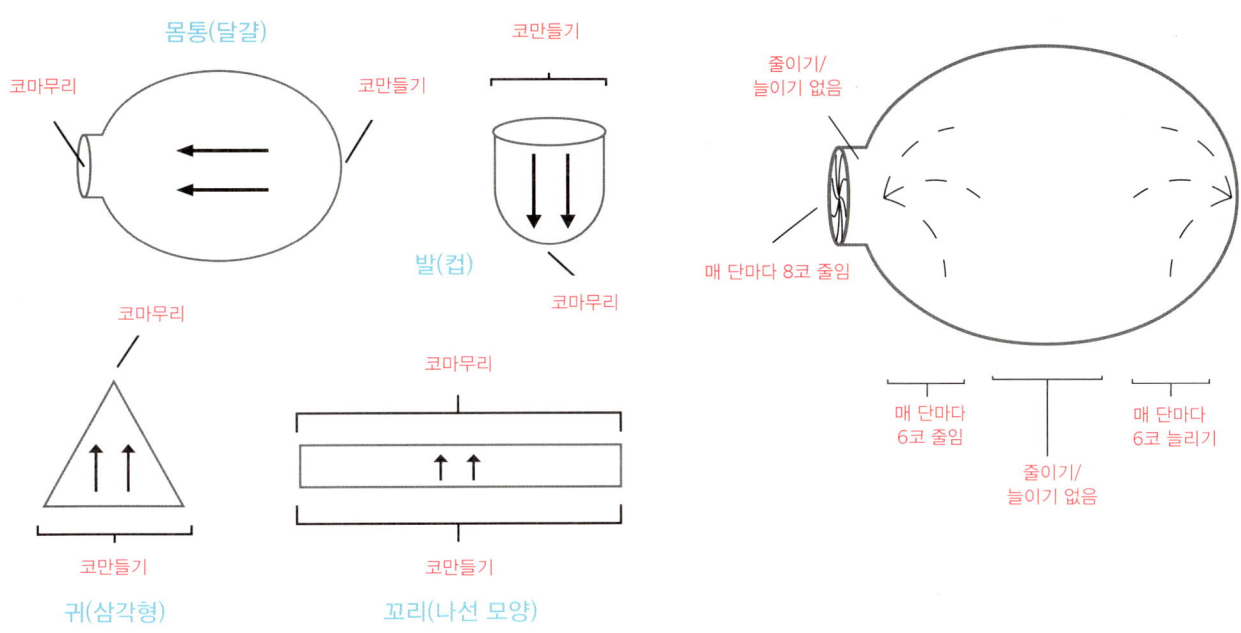

몸통(달걀)
코마무리
코만들기

코만들기
발(컵)
코마무리

코마무리
귀(삼각형)
코만들기

코마무리
꼬리(나선 모양)
코만들기

줄이기/늘이기 없음
매 단마다 8코 줄임

매 단마다 6코 줄임
줄이기/늘이기 없음
매 단마다 6코 늘리기

기본 뜨개 모양

다양한 입체적인 모양을 만들기 위해서 얼만큼 늘려야 하는지에 대한 기본적인 가이드 라인입니다. 늘리기나 줄이기를 하지 않고 뜨면 일자형 튜브가 만들어집니다. 2단마다 동일한 양의 늘리기를 해주면 편물이 사방으로 넓어져요.

튜브
늘리기 없음

둥그런 모양
2단마다 6번 늘리기

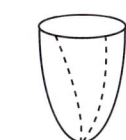

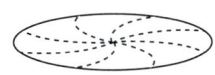

납작한 원형
2단마다 8번 늘리기

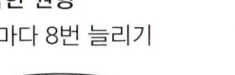

가늘고 길쭉한 모양
2단마다 4번 늘리기

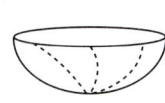

4. 번호 매기기

뜨개질을 시작하기 전에, 디자인 결과물이 잘 나올 수 있도록 계산을 해야 할 필요는 없는지 결정해야 합니다.

돼지 인형의 경우, 처음에 몇 코를 만들 것인지를 결정할 때 고려할 사항이 2가지가 있어요. 하나는 구멍이 최대한 작아야 한다는 것이고, 또 하나는 1단에서 6코를 늘리니까 6의 배수로 진행해야 한다는 거예요. 6의 배수 중에서 가장 작은 수는 6, 그래서 6코로 정한 거죠!

6코의 배수로 늘이기와 줄이기를 하고 나서, 돼지 코의 평평한 부분은 2단마다 8코를 줄이고 싶으니까 '튜브' 모양의 코가 시작되는 단의 코 수는 6와 8의 배수여야겠죠. 그렇다면 24코가 적당하겠네요.

그래서 8의 배수로 몸통을 마무리하고(코만들기 쪽과 마찬가지로, 마무리 되는 쪽도 숫자가 적을수록 좋으므로), 8코로 마무리한다고 적어놓습니다.

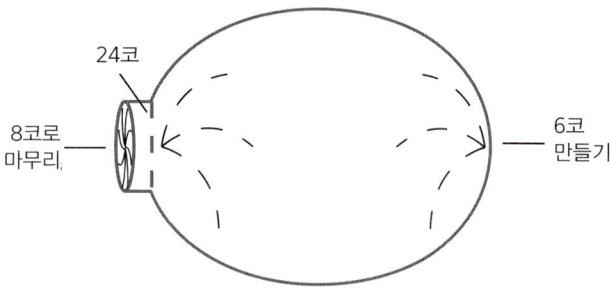

특별히 원하는 사이즈가 있으면, 게이지를 변경해서 뜨고 다른 포인트에서 바늘에 몇 코가 있어야 하는지를 정확히 계산하면 됩니다.(19쪽 참고) 아니면 일단 떠보면서 결과물이 어떻게 나오는지 살펴보는 방법도 있답니다.

5. 뜨개질하기

도안을 완벽하게 준비해놓고 나서 뜨개질을 하는 것도 좋지만, 저는 도움이 될 만한 가이드 라인이 잡히면 바로 뜨기 시작해요.

뜨개질 하는 동안 작업과정을 잊어버리지 않도록 컴퓨터에다 짧막짧막하게 메모를 해놓아요. 예를 들면 이렇게요.

6코 만들기

늘리기 × 6번

2단마다 겉뜨기

다음 단: (늘리기, 겉뜨기1) × 6번

60코가 될 때까지…

6. 확인하기

어느 정도 모양이 나오기 시작하면 바꾸고 싶은 것은 없는지 전체적으로 확인해보세요. 인형이 너무 작거나 너무 큰가요? 어떤 모양이 나올지 솜을 넣어보는 것도 좋은 방법이에요. 그대신 다시 뜨기 시작할 때는 솜을 제거하는 것이 좋습니다.

모양이 마음에 안 들면, 몇 단을 풀어서 다른 걸 시도해보세요. 저 같은 경우에는 종종 늘리기/줄이기 단의 숫자를 바꾸거나, 한 단에서 사용하는 늘리기나 줄이기의 숫자를 바꾸기도 합니다. 직접 뜬 인형의 일부나 전체를 다시 풀어야 한다고 해서 세상이 끝나는 건 아니니까 너무 두려워하지는 마세요!

Tip 디자인을 좀 바꿔야 할 경우에는, 이전에 참고했던 내용들을 버리지 말고 간직해두세요.

7. 진행하기

뜨고 있는 인형의 모양이 마음에 들면, 나머지 부분을 어떻게 하고 싶은지 생각해볼 시점입니다. 스케치해놓은 것을 다시 보면서 제대로 작업이 이루어지고 있는지 확인하면서 계속 진행하세요.

돼지 인형의 경우, 편물의 넓이가 원하는 만큼 나오면 길쭉한 모양을 만들기 위해서 늘이거나 줄이기를 하지 않고 뜹니다.

원하는 몸통 길이의 절반 정도를 뜨고 나면, 늘이거나 줄이기를 하지 않고 뜬 단 수가 얼마나 되는지 적어놓습니다. 그리고는 계획했던 대로 24코가 될 때까지 2단마다 줄이기를 합니다.

한번 더, 솜을 넣고 모양이 어떤지를 살펴보죠.

스케치 단계에서 계획했던 대로, 늘이거나 줄이기를 하지 않고 돼지의 코 모양을 뜨고는 줄이기로 평평한 원형의 모양으로 마무리합니다.

자, 돼지 모양이 완성됐네요!

완성된 조각이 마음에 드나요? 원했던 모양과 차이가 있다면 스케치를 다시 살펴보면서 다른 기법을 사용해보거나, 코 수를 달리해보거나, 다른 모양으로 해보면 더 나은 결과물이 나올지를 생각해보세요. 완전히 다른 걸 만들어봐야겠다는 생각이 들면, 지금 막 완성한 인형을 풀어서 다시 뜨는 수고를 하지 말고, 새로운 실로 작업해서 둘을 비교해보는 것이 좋아요.

Tip 새로운 인형을 디자인할 때는 인형을 다 뜨고 나서, 실 꼬리를 정리하거나 눈을 달기 전에 결과물이 마음에 드는지를 보세요. 그래야지 필요한 경우에 조각들을 분해할 수 있어요.

8. 부속 조각 달기

몸통은 끝냈으니 팔이나 다리, 날개 등 그밖에 필요한 것들을 달아주어야 합니다. 돼지 인형의 부속 조각을 디자인한 과정은 몸통을 작업한 과정과 비슷해요. 조각들의 크기가 훨씬 작기 때문에 계산하고 계획을 세우기보다는 실제로 떠서 대보는 경우가 더 많았답니다.

예를 들어서, 돼지 귀는 납작하고 단순한 삼각형 모양의 조각을 사용하고 싶었기 때문에 사이즈를 달리해서 여러 개의 귀를 만들어서 얼굴에 대보고 가장 잘 어울리는 모양을 정하는 거죠.

왼쪽에 있는 귀가 조금 더 커 보이죠? 오른쪽 귀가 딱 맞는 것 같네요!

9. 마무리하기

조립을 마치고 나서 결과물이 마음에 들면 눈을 달아주고 실꼬리들을 정리한 다음 필요한 곳에 스티치를 해줍니다.

제 스타일을 한마디로 표현하자면 '적을수록 풍요롭다'입니다. 그래서 나사눈도 작은 것을 사용했고, 콧구멍은 스티치 2번으로 처리해버렸죠.

10. 적어놓기 & 공유하기

만족할 만한 디자인이 나오면, 내용을 자세하고 깨끗하게 다시 정리해놓습니다. 이 책에 나와 있는 도안들이 도움이 될지도 모르겠네요.

자신이 적어놓은 도안을 가지고 다시 한 번 인형을 만들어서 적힌 내용이 제대로 된 것인지, 사용된 기법들이 만족스러운지를 확인하는 것이 좋아요. 그러면 매번 디자인 작업을 할 필요 없이 늘 똑 같은 인형을 만들 수 있게 되죠.

자신이 만든 도안을 블로그나 다른 방식을 통해 다른 사람들과 공유하고 싶다면, 누군가에게 이 도안의 인형을 만들어보게 하는 게 굉장히 도움이 될 거예요. 뜨개 실력에 차이가 있는 몇몇 사람들을 모아서 도안에 오류가 있는지 이해가 잘 안 되는 부분은 없는지 확인하는 것도 많은 도움이 된답니다.

자신이 디자인한 인형이 다른 사람의 손을 통해 재현되는 게 얼마나 만족스럽고 흥분되는 일인지 몰라요. 그러니 망설이지 말고 한번 해보세요!

뜨개질의 기초

기본 뜨기

코만들기

처음부터 장갑바늘(20쪽 참조)을 쓰지 말고 일자 바늘 2개로 기본적인 기법을 배우고 나서 편하게 뜰 수 있게 되면 장갑바늘로 바꾸는 게 좋아요.

코만들기

뜨개질할 때 별다른 지시사항이 없으면 다음과 같은 방법을 사용합니다.

만들어야 하는 코의 수에 따라 필요한 실의 길이를 가늠할 수 있어요. 저 같은 경우에는 3.75mm나 4.0mm의 바늘을 가지고 우스티드실(미디엄 두께의 실)로 뜰 경우에 10코에 약 25cm 정도, 즉 1코당 2.5cm 정도를 사용합니다.

바느질할 여유분의 실을 남기려면 코 수에 맞춰 계산한 실의 길이에다가 25cm를 더 남기면 됩니다.

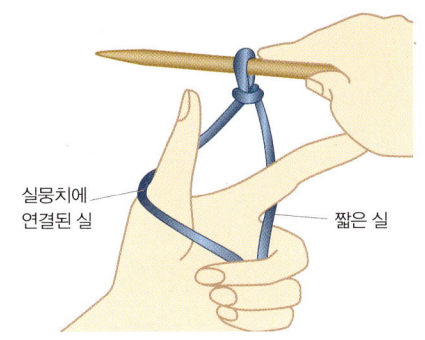

② 왼손으로 2개의 실을 쥐는데, 실 뭉치에 연결되어 있는 실은 엄지 손가락의 바깥쪽으로 빼서 잡고 다른 실은 검지 밖으로 내려서 잡아주세요.

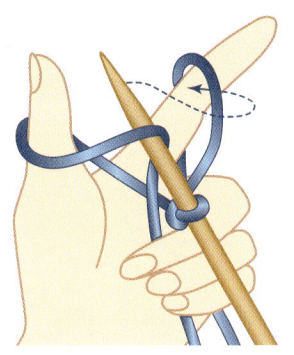

③ 오른손에 쥐고 있는 바늘 끝을 엄지 손가락에 걸려 있는 실의 아래쪽으로 밀어 넣은 다음에 오른쪽으로 돌려 검지에 갈려 있는 실의 바깥에서 안쪽으로 돌려 감아주세요.

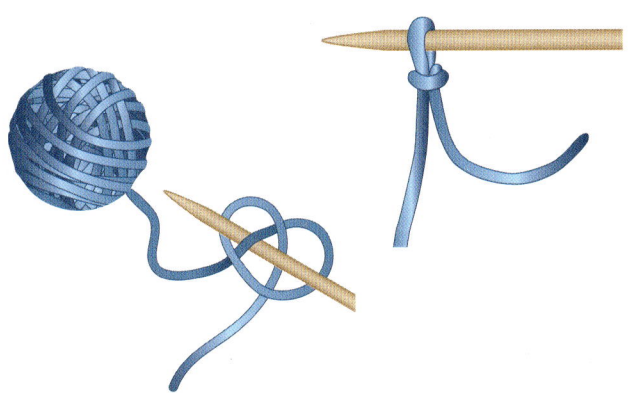

① 매듭을 만들어서 그 안에 바늘을 끼워 넣으면 코만들기의 첫 번째 코가 완성된 거예요.

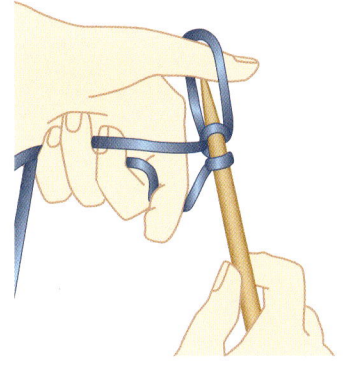

④ 엄지손가락에 걸려 있는 실을 빼낸 다음에 실을 살짝 잡아당겨야 바늘에 생긴 코가 너무 헐렁해지지 않습니다. 2~4단계를 반복해서 원하는 만큼의 코를 만드는 데 일정한 힘으로 실을 잡아당겨야 코의 크기가 일정하게 나옵니다.

겉뜨기

가장 기본이 되는 뜨개질 기법이에요.

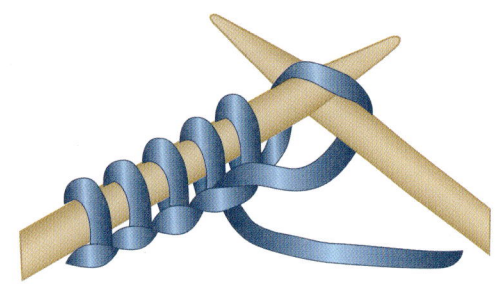

① 코가 걸려 있는 바늘을 왼손으로 잡으세요. 제일 오른쪽 코에 실이 연결되어 있는 상태입니다. 코가 걸려 있지 않은 빈 바늘을 오른손으로 잡으세요. (원형뜨기를 할 경우에는 실이 연결되어 있는 바늘이 바뀝니다−20쪽 '장갑바늘을 사용하는 경우' 참조) 오른쪽 바늘의 끝을 왼쪽 바늘에 걸려 있는 첫 번째 코의 앞 고리에 찔러 넣으세요.

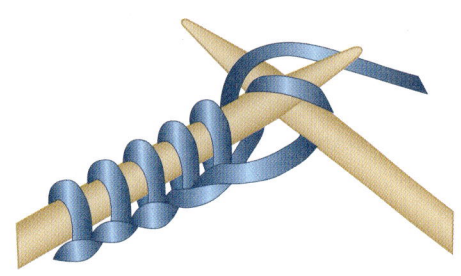

② 오른쪽 바늘에 실을 반시계 방향으로 감아주세요.

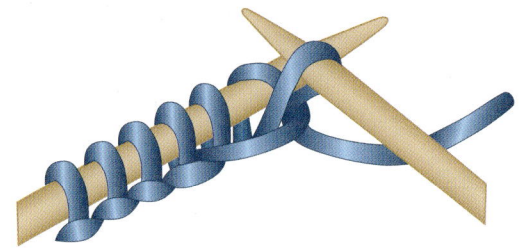

③ 오른쪽 바늘로 감은 실을 걸어 왼쪽 바늘과 코 사이로 밀어서 빼내세요.

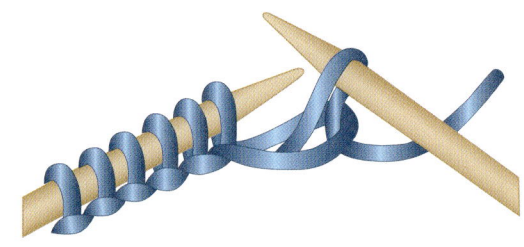

④ 왼쪽에 걸려 있는 코를 빼주면 오른쪽에 새로운 코가 하나 생기게 됩니다.

도안에 표시되어 있는 만큼 혹은 왼쪽 바늘에 있는 코가 모두 오른쪽 바늘로 옮겨질 때까지 1~4번 단계를 반복합니다.

2개의 바늘로 평평한 조직을 뜨고 있는 경우에는, 한 단을 다 뜨고 나면 오른쪽 바늘을 왼손으로 옮겨 잡으세요.

장갑바늘로 뜨고 있는 경우에는, 오른쪽 바늘을 그대로 쥔 상태에서 다음 바늘에 걸려 있는 코를 이어서 뜨면 됩니다.

안뜨기

안뜨기는 겉뜨기의 반대되는 기법으로, 겉뜨기를 한 면의 뒤쪽은 자동적으로 안뜨기가 됩니다. 평평한 조직을 뜰 때는 겉뜨기 단이 끝나면 편물을 돌려서 안뜨기를 하면 됩니다.

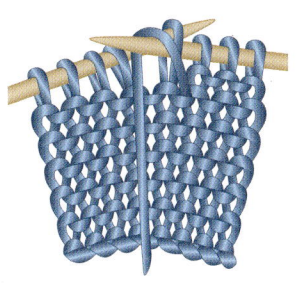

1 오른쪽 바늘을 왼쪽에 걸려 있는 첫 번째 코의 앞 고리에 오른쪽에서 왼쪽으로 집어넣어요. 오른쪽 바늘에 위에서 아래로(반시계 방향) 실을 감아주세요.

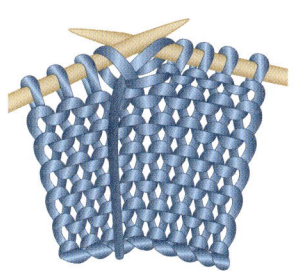

2 오른쪽 바늘로 감은 실을 걸어 왼쪽 바늘 밑으로 빼주세요.

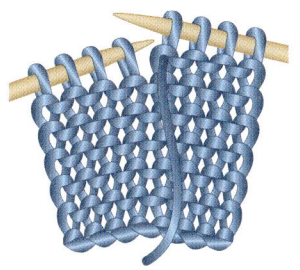

3 실이 딸려나오면 왼쪽 바늘에 걸려 있는 코를 빼줍니다.

도안에 표시되어 있는 만큼 혹은 왼쪽에 걸려 있는 코가 전부 오른쪽 바늘로 옮겨질 때까지 1~3단계를 반복합니다.

코막음

이 책에 나와 있는 대부분의 입체 조각들은 실을 잡아당겨서 돗바늘로 코를 통과한 후 마무리합니다. 그러나 평평한 조직을 마감할 때는 보통 코막음 기법을 사용합니다.

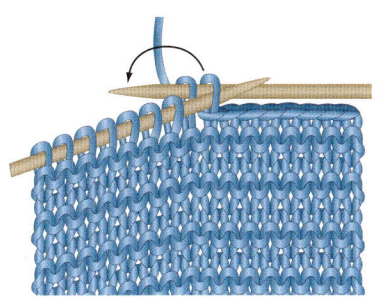

1 처음의 2코는 일반적인 방법으로 겉뜨기합니다. 왼쪽 바늘을 처음에 뜬 코에다 밀어 넣고 두 번째 코 위로 덮어씌워 주세요. 그러면 1코가 코막음된 거예요.

2 세 번째 코를 겉뜨기하고 나면 오른쪽 바늘에 다시 2개의 코가 걸려 있게 됩니다. 1에서 설명한 대로 왼쪽에 있는 코가 모두 없어질 때까지 계속 코를 덮어씌워 나가세요. 덮어씌우기가 끝나면 오른쪽 바늘에 1코가 남습니다.

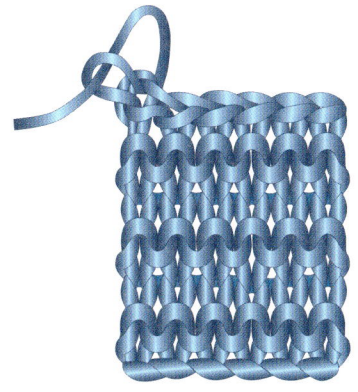

3 실을 자르고 바늘을 뺀 다음에 실 끝을 코 안으로 통과시켜 바짝 잡아당겨주세요.

NOTE 안뜨기 면에서 코막음을 하라고 도안에 써있는 경우에는 겉뜨기가 아닌 안뜨기로 똑같이 코막음하면 됩니다.

코 늘리기와 코 줄이기

직사각형이나 직선 형태가 아닌 곡선 같은 걸 뜨려면 코 늘리기와 줄이기가 필요합니다.

늘리기

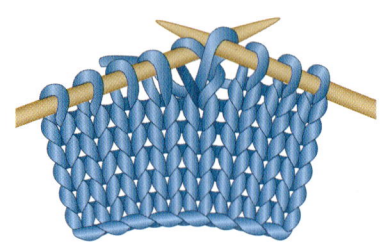

1 겉뜨기와 방법은 동일하지만 왼쪽 바늘에 걸려 있는 코를 바로 빼지 않아요.

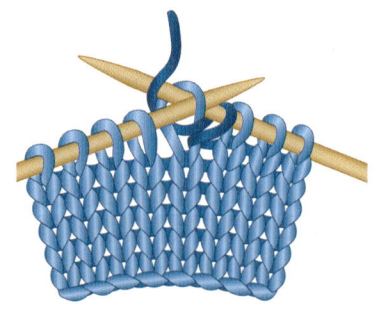

2 같은 코에다 한 번 더 겉뜨기를 하는데 이번에는 앞고리가 아닌 뒷고리에 오른쪽 바늘을 넣어주세요. 오른쪽 바늘을 당겨 실이 딸려 나오면 왼쪽 바늘에 걸려 있는 코를 빼주세요. 같은 코에다 2번을 떴기 때문에 결과적으로 1코가 늘어난 상태입니다.

2코 모아뜨기

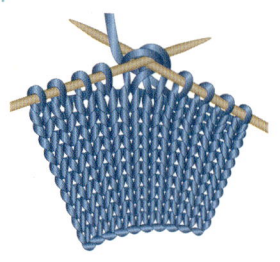

오른쪽 바늘로 왼쪽에 걸려 있는 코 2개를 한꺼번에 걸어주세요. 겉뜨기할 때와 똑같이 오른쪽 바늘에 실을 감아 빼고 왼쪽 바늘에 걸려 있던 2개의 코를 빼주세요. 2개의 코를 한꺼번에 빼줬기 때문에 결과적으로 코 수가 1개로 줄어든 상태입니다.

오른코 줄이기

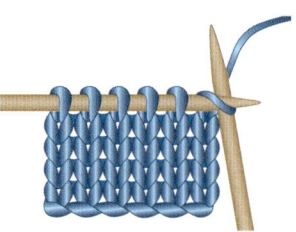

1 겉뜨기하듯이 오른쪽 바늘을 왼쪽 바늘에 걸려 있는 코의 앞고리에 찔러 넣고 실을 감지 않은 상태에서 왼쪽 바늘에서 코를 그대로 옮겨 줍니다(걸러뜨기 합니다).

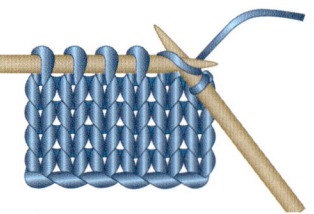

2 다음 코도 똑같은 방식으로 오른쪽 바늘로 옮기세요.

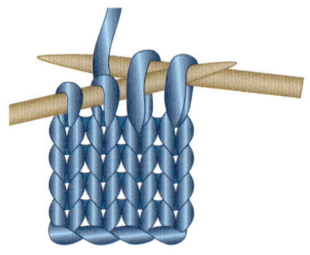

3 왼쪽 바늘을 오른쪽 바늘에 걸려 있는 2개의 코 앞고리에 밀어 넣고 겉뜨기 할 때와 동일한 방식으로 뜹니다. 2개의 코를 한꺼번에 떴기 때문에 코의 수가 1개로 줄어든 상태입니다.

안2코 모아뜨기

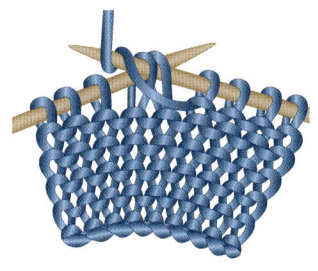

　오른쪽 바늘을 왼쪽에 걸려 있는 코 2개에 안뜨기 방향으로 밀어 넣습니다. 오른쪽 바늘에 실을 감고 안뜨기할 때와 동일한 방식으로 뜹니다. 2개의 코를 한꺼번에 떴기 때문에 코의 수가 1개로 줄어듭니다.

3코 모아뜨기

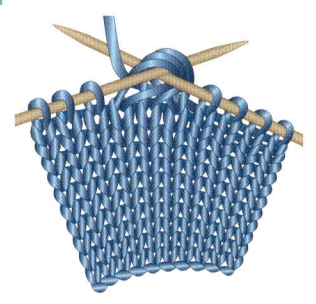

　오른쪽 바늘을 왼쪽 바늘에 걸려 있는 코 3개에 겉뜨기 방향으로밀어 넣습니다. 실을 감고 겉뜨기할 때와 동일한 방식으로 뜹니다. 3개의 코를 한꺼번에 떴기 때문에 코의 수가 3개에서 1개로 줄어듭니다.

오른코 3코 모아뜨기

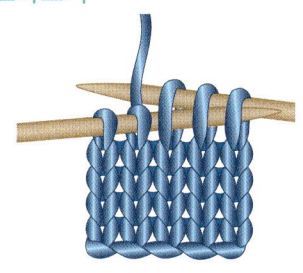

　왼쪽 바늘에 걸려 있는 코 3개를 겉뜨기 방향으로 오른쪽 바늘에 하나씩 차례대로 옮깁니다. 왼쪽 바늘을 오른쪽 바늘에 있는 3코의 앞고리에 밀어 넣고 겉뜨기 할 때와 동일한 방식으로 뜹니다. 3개의 코를 한꺼번에 떴기 때문에 코의 수가 3개에서 1개로 줄어듭니다.

기타 기법

이 책에 소개된 인형을 뜰 때 도움이 될 만한 다른 기법도 소개합니다.

감아코만들기

　코만들기 한 가장자리가 너무 두툼해지지 않는 기법입니다. 뜨개질을 하는 도중에 코를 늘려야 할 때도 이 기법을 사용할 수 있습니다.

❶ 오른손으로 바늘을 잡고 왼손으로는 실 뭉치에 연결되어 있는 쪽의 실을 잡아 엄지 손가락에 걸어주세요.

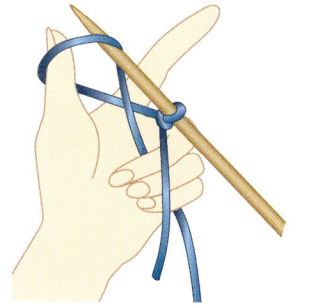

❷ 바늘 끝을 엄지 손가락의 바깥쪽에서 위로 넣습니다.

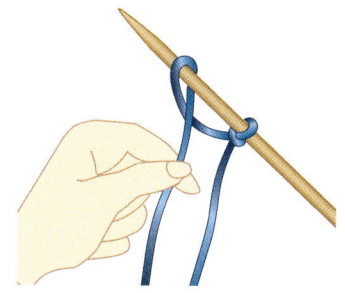

❸ 엄지 손가락을 빼고 바늘에 걸린 실을 잡아당깁니다.
일정한 수의 코가 만들어질 때까지 1~3단계를 반복합니다.

다른 색 실로 풀어지는 코만들기

코바늘을 이용해서 다른 색 실로 풀어지는 코만들기를 하고 나면, 편물을 뜬 다음에 다시 1단으로 와서 반대 방향으로 뜨개질을 할 수 있답니다. 비슷한 굵기의 색상이 다른 자투리 실을 사용하세요.

1 매듭을 하나 만들어서 코바늘에 걸어줍니다. 코바늘은 오른손으로, 대바늘은 왼손으로 잡고 대바늘 뒤쪽에 있는 실을 위로 넘겨서 앞으로 보내세요.

2 코바늘로 실을 잡아당겨 사슬 모양을 만들면 코가 하나 생겨요.

3 원하는 만큼의 코가 생길 때까지 반복하고 나서 코바늘만 사용해서 몇 개의 코를 더 만듭니다. 실을 자르고 마지막 사슬코의 고리를 살짝 잡아당겨 풀어지지 않게 해주세요.

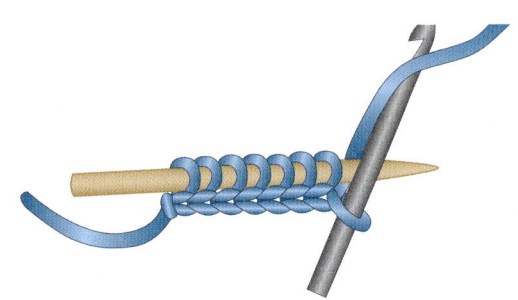

나중에 도안에 나와 있는 대로 코만들기했던 자투리 실을 풀어버리고 반대방향으로 뜨개질합니다.

편물의 겉뜨기 면이 위로 나오게 잡으면 자투리 실로 만든 코가 아래쪽에 있게 되죠. 자투리 실을 살살 잡아당겨 풀어주세요. 자투리 실이 뽑히는 자리에서 코가 하나씩 나올 때마다 바늘을 끼웁니다.

아이코드

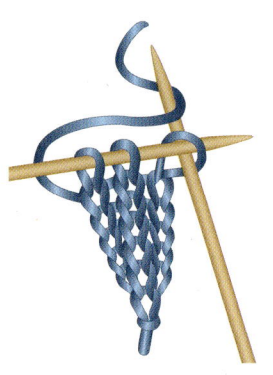

아이코드는 장갑바늘 2개를 사용해서 작은 원통 모양을 뜨는 기법입니다.

실 뭉치에 연결되어 있는 실이 왼쪽에 위치하도록 왼쪽 바늘에 걸려 있는 코를 밀어줍니다. 마지막 코에 연결되어 있는 실을 잡아당겨서 맨 오른쪽에 있는 코부터 시작해서 끝까지 뜹니다.

한 단이 끝나면 방향을 바꾸지 않은 상태에서 다시 코를 바늘 반대쪽으로 밀어서 마지막 코에 연결되어 있는 실로 첫 번째 코를 뜨면 됩니다.

바늘 비우기

바늘 비우기는 편물에 작은 구멍을 내면서 코를 늘려주는 기법이예요.

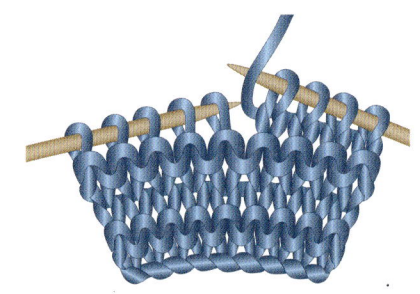

1 실을 오른쪽 바늘 앞으로 보냅니다.

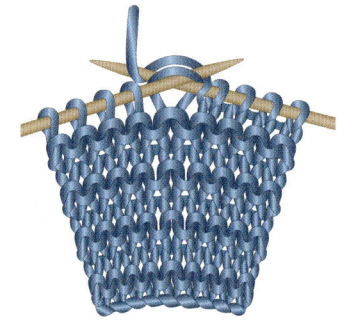

2 겉뜨기(도안에서는 2코 모아뜨기) 등 다음 기호의 기법을 뜨면 자연스럽게 오른쪽 바늘에 실이 걸리면서 작은 구멍이 만들어 집니다.

평평한 조각에서 코줍기

완성된 조각의 옆 선에서 코를 주우면 다른 방향으로 뜨개질을 할 수 있어요. 대바늘 인형의 경우에는 새로운 조각을 바로 뜰 수도 있답니다(몇몇 도안에서는 입체 조직의 중간에서 코를 줍기도 합니다. 39쪽 참조).

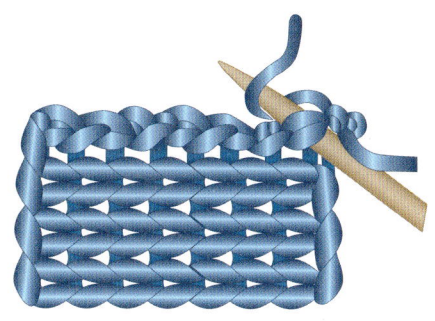

편물을 옆으로 돌려놓고 바늘을 첫 번째 코에 밀어 넣습니다. 겉뜨기하듯이 실을 감고 잡아당겨서 코를 통과합니다.

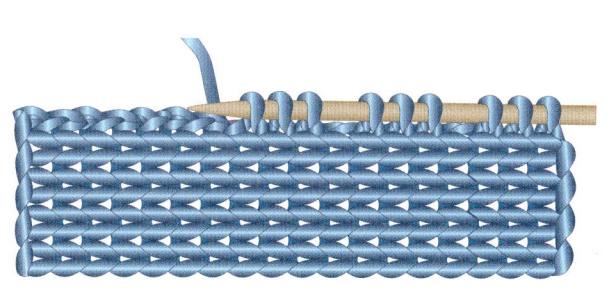

같은 방식으로 옆 선의 코를 줍는데, 주워야 하는 코의 숫자에 맞춰 4코나 5코에 한 번씩 건너 띄면서 코를 줍습니다.

새로운 실 뭉치나 다른 색상의 실 연결하기

실이 모자라서 새로운 실 뭉치를 연결하려면 두 실의 끝을 느슨하게 연결해서 묶어주면 됩니다. 새로 연결한 실로 한 코를 뜨고 나서 매듭 부분을 안뜨기면 쪽에서 풀어지지 않게 꽉 묶어주세요.

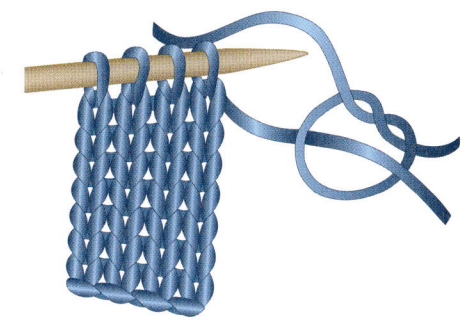

도안에 표시되어 있는 대로 다른 색상의 실로 바꿔야 하고, 첫 번째 색상의 실을 더 이상 (혹은 여러 단 동안) 쓰지 않을 때 사용하는 기법입니다.

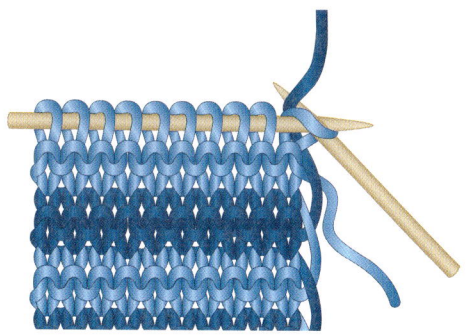

줄무늬나 촘촘한 배색에서처럼 첫 번째 색상을 금방 다시 사용하는 경우에는 매번 실을 자르고 새로 묶어서 연결하는 대신에 편물의 옆이나 뒤쪽으로 빼두었다가 느슨하게 당겨서 다시 사용합니다.

배색뜨기 (페어 아일)

뜨고 있는 편물의 뒤쪽에 여러 가지 색상의 실을 가지고 와서 원하는 코에다 색을 섞는 기법입니다. 참조할 수 있도록 색상 전환을 위한 도표가 나와 있는 경우가 많아요.

실을 너무 바짝 잡아당기지 말고 일정한 힘으로 비교적 느슨하게 떠야 울퉁불퉁해지지 않아요.

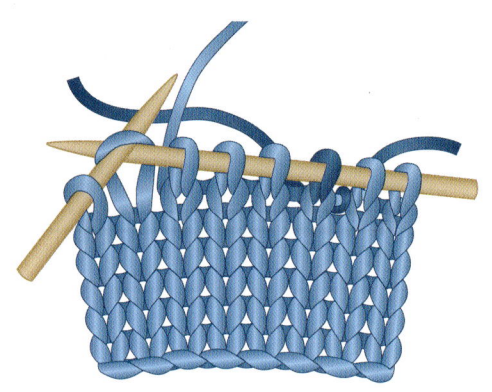

양 손에 각각 다른 색상의 실을 잡고 뜰 수도 있고 아니면 쓰지 않는 색상의 실은 내려놓고 필요한 실을 잡아서 쓸 수도 있어요. (제가 선호하는 방법이에요) 몇 코마다 배색을 할 때 사용하지 않는 실이 엉키지 않도록 주의합니다.

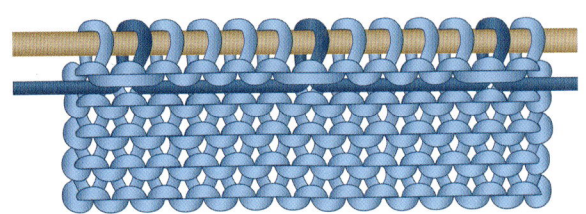

편물의 뒷면을 보면 두 가닥의 실이 부드럽고 매끈하게 일렬로 늘어서 있는 모양이 나와요.

빠진 코줍기

뜨개질을 하다 보면 코가 빠지는 일은 누구에게나 일어나는 일이죠. 코 수가 제대로 맞지 않는다면, 바늘에서 코가 하나 빠져서 그 줄의 코가 세로로 몇 단 정도 빠졌을 수도 있어요.

그렇다고 해서 코가 빠지지 않은 단까지 모두 풀어서 다시 시작하지 말고, 아래쪽에 걸려 있는 코에다가 코바늘을 끼워서 바로 위에 가로로 걸려 있는 실을 떠주세요. 같은 방법으로 끝까지 올라오면 빠진 코줍기 완성.

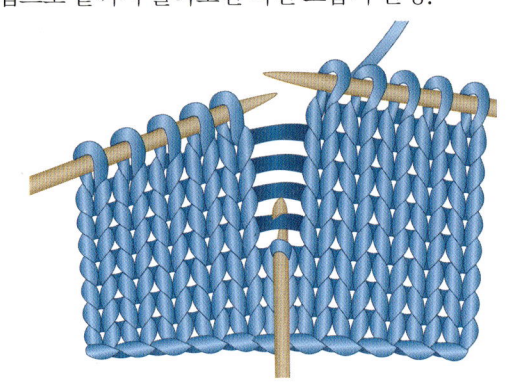

도표 읽는 법

대부분의 뜨개질 도안은 떠야 할 내용이 글로 적혀 있지만, 좀더 복잡하거나 배색이 있는 경우에는 도표를 사용합니다.

이 책에 나와 있는 도안 중에도 도표가 사용된 것이 몇 개 있습니다. 평면 뜨기 조직인 것도 있고 원형뜨기에서 반복되는 도안인 것도 있죠.

평면뜨기든 원형뜨기든 모두 도표의 맨 아랫단부터 읽으면 되고, 총 몇 단인지 단 수가 표시되어 있어요. 도표의 한 칸은 한 코를 의미하며 도표에는 완성된 패턴이 적어도 1개가 나와 있습니다.

평면 뜨기 도표는 겉뜨기 단과 안뜨기 단으로 표시되어 있어요. 겉뜨기 단은 오른쪽에서 왼쪽으로, 안뜨기 단은 왼쪽에서 오른쪽으로 보면서 뜨면 됩니다. 도안을 볼 때 같은 패턴에 대해 겉뜨기와 안뜨기 단의 방향을 반대로 읽어야 한다는 거 잊지 마세요.

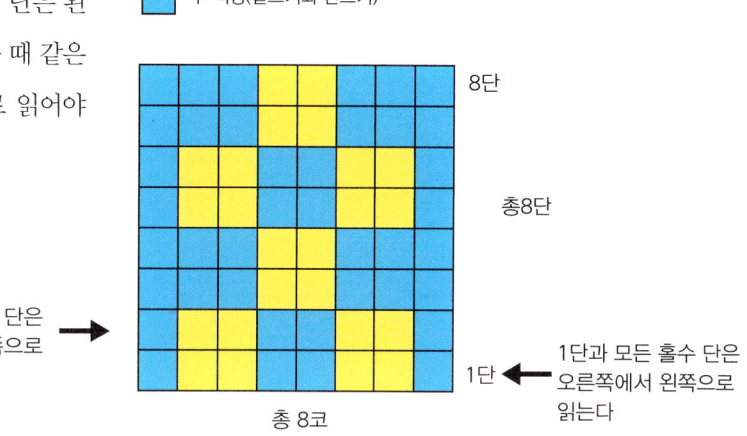

보조 색상(겉뜨기와 안뜨기)

주 색상(겉뜨기와 안뜨기)

8단

총8단

2단과 모든 짝수 단은 왼쪽에서 오른쪽으로 →

1단 ← 1단과 모든 홀수 단은 오른쪽에서 왼쪽으로 읽는다

총 8코

원형뜨기 도표에는 매 단마다 일정하게 반복되는 색상이나 코 수가 표시되어 있고 몇 단마다 반복하는지도 적혀 있어요.

원형뜨기는 줄바늘을 이용해서 언제나 오른쪽에서 왼쪽으로 뜨기 때문에, 원형뜨기 도표는 오른쪽에서 왼쪽으로 읽습니다. 그리고 늘 겉뜨기 면이 밖으로 나오므로, 도표에는 안뜨기 면에 대한 내용은 나와 있지 않아요.

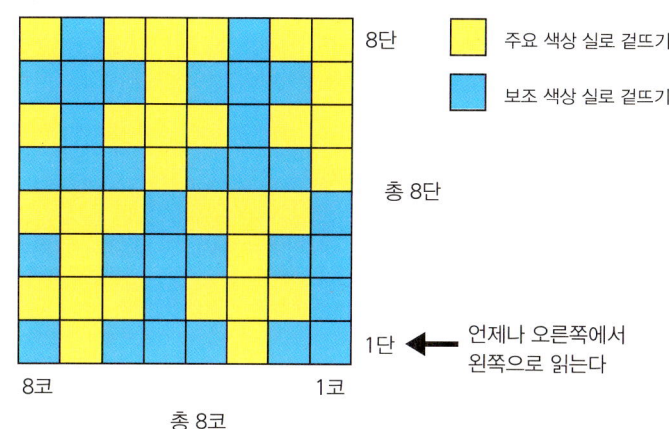

8단

주요 색상 실로 겉뜨기

보조 색상 실로 겉뜨기

총 8단

1단 ← 언제나 오른쪽에서 왼쪽으로 읽는다

8코   1코

총 8코

완성 샘플 사용실

인형 이름	사용 부분	색상	사용실		
			색상 이름	사용량	실이름
어리바리 사슴	몸통	짙은갈색	8686(브라운)	1볼	Cascade 220 (4번 미디엄 굵기, 우스티드) 100% 울 1볼 100g(201m)
	뿔, 손, 발끝	옅은갈색	8622(카멜색)		
	새	분홍색	9478(코튼캔디)	1볼 미만	
		노란색	7827(골든로드)		
		하늘색	8905(로빈에그 블루)		
	새부리	오렌지색	9542(블레이즈)		
	눈, 코	검은색	8555(블랙)		
베이비 악어	몸통	초록색	7814(샤르트뢰즈)		Cascade 220 (4번 미디엄 굵기,우스티드) 100% 울 1볼 100g(201m)
			2409(팜)		
	입안	노란색	9461(라임 헤더)		
			7827(골든로드)		
잠꾸러기 진드기	몸통, 다리, 더듬이	하늘색	8905(로빈 에그 블루)		Cascade 220 (4번 미디엄 굵기, 우스티드) 100% 울 1볼 100g(201m)
		민트색	9076(민트)		
		보라색	7809(바이올렛)		
	눈	검은색	8555 (블랙)		
	모자	진분홍색	9469(핫핑크)		
	모자 수	흰색	8505(화이트)		
패션 가발 돼지	몸통	분홍색	9478(코튼 캔디)		Cascade 220 (4번 미디엄 굵기, 우스티드) 100% 울 1볼 100g(201m)
	가발	보라색	7808(퍼플 히아신스)		
		하늘색	9421(블루 하와이)		
		노란색	7827(골든로드)		
		초록색	7814(샤르트뢰즈)		
	고정끈	흰색	8505(화이트)		
	코	검은색	8555(블랙)		
바퀴 달린 다람쥐	갈색다람쥐 몸통	갈색	7821(시에나)		Cascade 220 (4번 미디엄 굵기, 우스티드) 100% 울 1볼 100g(201m)
	바퀴	회색	8509(그레이)		
	휠	검은색	8555(블랙)		
	노란다람쥐 몸통	노란색	7827(골든로드)		
	바퀴	주황색	9444(탠저린)		
	휠	밤색	8686(갈색)		
둥실둥실 비행물체	몸체	파란색	8891(시안블루)		Cascade 220 (4번 미디엄 굵기, 우스티드) 100% 울 1볼 100g(201m)
	배색	하늘색	9076(민트)		
		검은색	7827(골든로드)		
	눈	노란색	8555(블랙)		
투덜이 소파	소파	초록색	9461(라임헤더) 2볼		Cascade 220 (4번 미디엄 굵기, 우스티드) 100% 울, 1볼 100g(201m)
	소파무늬	오렌지색	7826(캘리포니아 퍼플)		
	눈	검은색	8555(블랙)		
미니 TV	몸통	주황색	9542(블레이즈)		Cascade 220 (4번 미디엄 굵기, 우스티드) 100% 울 1볼 100g(201m)
		청록색	9421(블루 하와이)		
	화면	트위드 회색	9402(다크그레이 &미디엄그레이트위드)		
	다리, 다이얼, 안테나 고정대	밤색	8686(브라운)		
		연회색	8909(그레이)		
	안테나, 전선	검은색	8555(블랙)		
귀요미 공장 굴뚝	몸통	회색	8509(그레이)		Cascade 220 (4번 미디엄 굵기,우스티드) 100% 울 1볼 100g(201m)
	연기	보라색	7809(바이올렛)		
		연두색	9461(라임 헤더)		
		갈색	7821(시에나)		
	눈	검은색	8555(블랙)		

얌전이 마천루	빌딩	진하늘색	9421(블루 하와이)		Cascade 220 (4번 미디엄 굵기, 우스티드) 100% 울 1볼 100g(201m)
		보라색	7808(퍼플 히야신스)		
		진분홍색	9469(핫핑크)		
	창문	노란색	7827(골든로드)		
	바닥	회색	8401(실버그레이)		
주머니 요정	엄마요정	하늘색	8905(로빈 에그 블루)		Cascade 220 (4번 미디엄 굵기, 우스티드) 100% 울, 1볼 100g(201m)
	아기요정	노란색	7827(골든로드)		
	입	검은색	8555(블랙)		
악마와 천사	천사	흰색	8505(화이트)		Cascade 220 (4번 미디엄 굵기, 우스티드) 100% 울, 1볼 100g(201m)
	끈외	노란색	7827(골든로드)		
	악마	빨간색	2413(레드)		
	끈외	검은색	8555(블랙)		
대릉대릉 콩콩이	몸통, 귀, 팔등	회색	8555(블랙)		Cascade 220 (4번 미디엄 굵기, 우스티드) 100% 울, 1볼 100g(201m)
	귀안쪽, 입	분홍색	7821(시에나)		
러브러브 머프	몸통, 발	진분홍색	7082(체리)		Cascade 220 (4번 미디엄 굵기, 우스티드) 100% 울, 1볼 100g(201m)
	몸통, 뿔	연분홍색	9478(코튼 캔디)		
	안감	하늘색	021(아이스블루)		로완 빅 울 (6번 수퍼벌키 굵기/ 울)
와구와구 슬리퍼	몸통(라지)	청록색	7812(라군)		Cascade 220 (4번 미디엄 굵기, 우스티드) 100% 울 1볼 100g(201m)
	몸통(미디엄)	노란색	7827(골든로드)		
	몸통(스몰)	보라색	7808(퍼플 히야신스)		
	바닥	분홍색	9478(코튼 캔디)		
	이빨	흰색	8505(화이트)		
	눈	검은색	8555(블랙)		
나는야 콩돌이	얼굴, 머리카락	갈색	2395(브라운)	1볼 미만	KPM(koigu premium Merino) (1번 레이스 굵기 / 수퍼 파인, 울 100%, 약50g, 155m)
		분홍색	1150.5(핑크)		
		노란색	1200(옐로우)		
	바지	연두색	2351(그린)		
		하늘색	2300(블루)		
		보라색	2260(퍼플)		
	눈	검은색	2400(블랙)		
초미니 상봉우리	산	보라색	2260(퍼플)	1볼 미만	KPM(koigu premium Merino) (1번 레이스 굵기 / 수퍼 파인, 울 100%, 약50g, 155m)
		분홍색	P803(핑크)		
		파란색	2300(파란색)		
	산봉우리	흰색	0000(화이트)		
	눈	검은색	2400(블랙)		
위풍당당 버섯	버섯줄기	흰색	0000(화이트)	1볼 미만	KPM(koigu premium Merino) (1번 레이스 굵기 / 수퍼 파인, 울 100%, 약50g, 155m)
	버섯머리	빨간색	2220(레드)		
		연두색	1200(옐로우)		
		노란색	2330(그린)		
	잔디	초록색	2351(그린)		
	눈	검은색	2400(블랙)		
햄스터 가족	몸통	갈색	2395(브라운)	1볼 미만	KPM(koigu premium Merino) (1번 레이스 굵기 / 수퍼 파인, 울 100%, 약50g, 155m)
		회색	2392(그레이)		
	눈	검은색	2400(블랙)		
몽당연필	연필	분홍색	1150.5(핑크)	1볼 미만	KPM(koigu premium Merino) (1번 레이스 굵기 / 수퍼 파인, 울 100%, 약50g, 155m)
		회색	2392(그레이)		
		노란색	1200(옐로우)		
		연황색	2360(탠)		
	눈	검은색	2400(블랙)		

자료

재료 및 도구

실과 도구에 관한 온라인 정보 몇 가지를 소개하죠.

뜨개실

도안에서 제가 제안한 실(기본적으로 우스티드와 굵지 않은 뜨개실)은 모든 뜨개실 판매점과 공예점에서 쉽게 찾을 수 있습니다.

이 책에서 계속 소개했던 Cascade와 Koigu는 제가 선호하는 뜨개실 브랜드입니다. 동네에 있는 뜨개실 가게나 온라인 매장을 통해 구매하실 수 있어요.

CASCADE
www.cascdeyarns.com

KOIGU WOOL DESIGNS
www.koigu.com

나사눈

공예점 및 온라인에서 판매하고 있어요. 많이 알려져 있는 온라인 매장을 몇 군데 알려드리죠.

HARVEY'S HOBBY HUT CRAFT STORE
www.harveyshobbyhut.com/shop

ETSY
www.etsy.com

솜

크고 작은 공예점에서 구매하실 수 있어요. 저는 주로 조안 온라인 매장에서 구매하고 있어요.

JO-ANN FABRIC AND CRAFTS
www.joann.com

온라인 정보

손뜨개에 관한 모든 정보는 인터넷에서 찾아보실 수 있습니다. 제가 좋아하는 사이트를 몇 개 알려드릴게요.

CRAFT
www.craftzine.com
도안, 손뜨개 정보, 공예관련 소식을 알 수 있는 웹 출판사

KNITTING HELP
www.knittinghelp.com
기초와 고급 뜨개질 기법의 동영상을 볼 수 있는 웹 사이트

KNITTY
www.knitty.com
인형뿐 아니라 재미있는 도안이 많은 온라인 손뜨개 잡지

MOCHIMOCHI LAND
www.mochimochiland.com
제 웹사이트예요! 이 책에 소개되어 있는 것 외에 더 많은 도안을 만나볼 수 있답니다.

RAVELRY
www.ravelry.com
도안, 실, 기법 등에 관한 어마어마한 정보를 얻을 수 있는 온라인 손뜨개 커뮤니티